U0789536

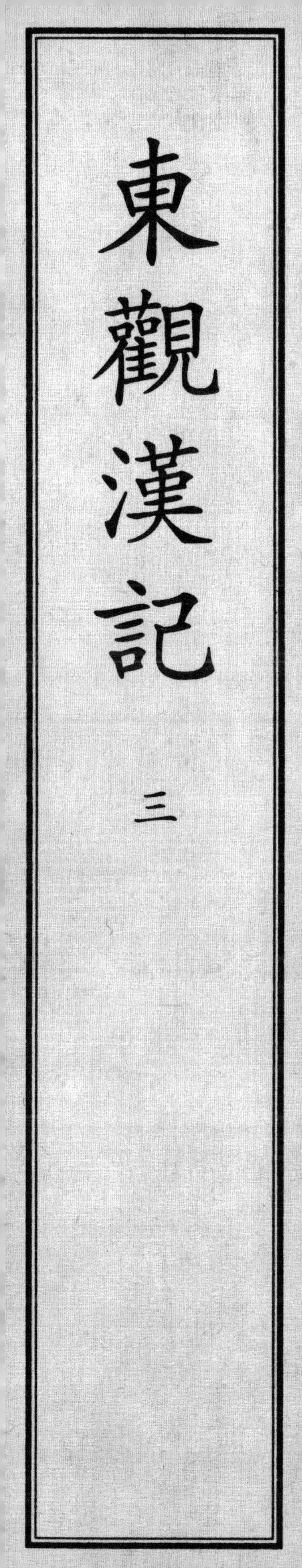
東觀漢記
三

東觀漢記卷十三

列傳八

孫咸

讖曰孫咸征狄今以平狄將軍孫咸行大司馬事咸以武名官以應圖讖（案此當是記文范書不載）

伏湛

上自將擊彭寵伏湛（案范書湛傳湛字惠公琅邪東武人）上疏諫曰臣聞文王享國五十伐崇七年而三分天下有二至武王四海乃賓陛下承大亂之極出入四年中國未化遠者不服而遠征邊郡四方聞之莫不怪疑顧思之杜詩薦湛疏（案范書湛傳湛是時策免大司徒徙封不其侯遣就國）曰竊見故大司徒陽都侯伏湛自行束脩訖無毀玷篤信好學守死善道經為人師行為儀表秉節持重有不可奪衆賢百姓嚮望德義微過斥退久不復用識者愍惜儒士痛心湛容貌堂堂國之光輝智略謀慮朝之淵藪髫齔厲志白首不衰實足以先後王室名足以光示遠人武公莊公所以砥礪蕃屏勸進忠信令四方諸侯咸樂回首仰望京師柱石之臣宜居輔弼出入禁門補闕拾遺

黃繩祖

東觀漢記卷十三

列傳八

（[illegible]）

伏湛

上自將擊彭寵伏湛（[illegible]惠公琅[illegible]）上疏諫曰臣聞文王享國五十伐崇又年而三分天下有二至武王四海乃賓陛下承大亂之極出入四年中國未化遠者不

服而遠征邊郡四方聞之莫不怪疑顧思之杜詩薦湛疏（[illegible]）大曰竊見故大司徒陽都侯伏湛自行束脩訖無毀玷篤信好學守死善道經為人師行為儀表秉節持重有不可奪衆者百姓鄉德義徵過許退入不復用識者燃惜儒士痛心進登禮堂堂圖之先擇智略謀慮詢之淵數路獻屬志自言不及實見以先後王室危見以先示遠人武公桂公所以敗屬藩府勸進忠信合四方諸侯咸樂回首仰望京師柱石之匡直居輔弼出入禁門補闕拾遺

黃繩祖

案隆文
案隆文
案隆文
案隆文

黄縄祖

伏隆

伏隆字伯明案隆湛子張步遣其掾孫昱隨隆詣闕上書獻

鰒魚

伏恭

伏恭字叔齊湛同產兄子也

伏晨

伏晨案晨湛子翕孫少尚高平公主

侯霸

侯霸字君房案范書霸傳霸河南密人追封謚則鄉哀侯有威重為太子舍

東觀漢記　卷十三　二

人從鍾寧君受律為淮平大尹政理有能名王莽敗霸

保守臨淮更始元年遣謁者侯盛荆州刺史費遂齎璽

書徵霸百姓號呼哭泣遮使者或當道臥皆曰願復留

霸期年民至乃誡乳婦勿得舉子侯君當去必不能全

使者慮就徵臨淮必亂不敢授璽書而具以狀聞霸為

尚書令深見任用

宋弘

宋弘案范書弘傳弘字仲子京兆長安人封宣平侯為司空上嘗問弘通博之

士弘薦沛國桓譚才學洽聞幾及揚雄劉向父子於是

黄繩祖

召譚拜議郎給事中上每宴輒令鼓琴好其繁聲弘聞之不悅悔於薦舉聞譚内出正朝服坐府上遣吏召之譚至不與席而讓之曰吾所以薦子欲令輔國家以道而令數進鄭聲以亂雅樂非碩德忠正也後大會羣臣上使譚鼓琴見弘失其常度上怪而問之弘乃離席免冠謝曰臣所以薦桓譚者望能以忠正導主而令朝廷耽悅鄭聲臣之罪也其後不復令譚給事中弘嘗受俸得鹽令諸生糶諸生以賤不糶弘怒恚賤糶不與民爭利弘嘗燕見御坐新施屏風圖畫列女上數顧視弘正容

言曰未見好德如好色者上即為撤之上姊湖陽公主新寡上與共論朝臣微觀其意主曰宋公威容德器羣臣莫及上曰方且圖之後弘見上令主坐屏風後因謂弘曰諺言貴易交富易妻人情乎弘曰臣聞貧賤之交不可忘糟糠之妻不下堂上顧謂主曰事不諧矣

韓歆

韓歆字翁君南陽人以從征伐有功封扶陽侯好直言為司徒嘗因朝會帝讀隗囂公孫述相與書歆曰亡國之君皆有才桀紂亦有才上大怒以為激發免歸田里

召譚拜議郎給事中上每宴輒令鼓琴好其繁聲弘聞
之不悅悔於薦舉聞譚內出正朝服坐府上遣吏召之
譚至不與席而讓之曰吾所以薦子欲令輔國家以道而
今數進鄭聲以亂雅樂非頌德忠正也後大會群臣上
使譚鼓琴見弘失其常度上怪而問之弘乃離席免冠
謝曰臣所以薦桓譚者望能以忠正導主而令朝廷耽
悅鄭聲臣之罪也其後不復令譚給事中弘嘗受俸得鹽
令諸生糶諸生以賤不糶弘怒遣上悉糶不與民爭利弘
嘗燕見御坐新施屏風圖畫列女上數顧視弘正容

東觀漢記　卷十三　三

言曰未見好德如好色者上即為撤之上謂弘曰湖陽公主
新寡上與共論朝臣微觀其意主曰宋公威容德器羣
臣莫及上曰方且圖之後弘見上令主坐屏風後因謂
弘曰諺言貴易交富易妻人情乎弘曰臣聞貧賤之交
不可忘糟糠之妻不下堂上顧謂主曰事不諧矣

韓歆

韓歆字翁君南陽人以從征伐有功封扶陽侯好直言
為司隸嘗因朝會帝讀隗囂公孫述相與書歆曰亡國
之君皆有才能紂亦有才上大怒以為激發免歸田里

上猶不釋復詔就責歆及子嬰皆自殺

歐陽歆

歐陽歆（案范書歆傳歆字正思樂安千乘人）其先和伯從伏生受尚書至歆七世皆為博士敦於經學恭儉好禮歆遷汝南太守推用賢俊吏民從化為大司徒坐在汝南贓罪死獄中歆掾陳元上書追訟之言甚切至帝乃賜棺木贈賻三千匹

朱浮

朱浮（案范書本傳浮字叔元沛國蕭人封新息侯）與彭寵書責之曰伯通自

伐以為功高天下往時遼東有豕生子白頭異而獻之行至河東見羣豕皆白懷慚而還若以子之功論於朝廷則為遼東豕也上不征彭寵浮上疏切諫曰連年距守吏士疲勞蟣蝨生甲冑弓弩不得弛上下相率焦心大兵冀蒙救護之恩陛下輒忘之於河北誠不知所以然浮上疏曰陛下率禮無違（案此[illegible]上[illegible]文闕）浮為司空賣國恩以為威福

張湛

張湛字子孝右扶風人以篤行純淑鄉里歸德雖居幽

案陸文　案陸文　黃繩祖

上猶不釋後詔就責數及于獄皆自殺

歐陽歙

歐陽歙（正思范書本傳樂安千乘人）其先和伯從伏生受尚書至

歙八世皆為博士歙於學教化好禮讓遷汝南太守

推用賢俊吏民從化為大司徒坐在汝南臧罪死獄中

歙掾陳元上書追訟之言甚切至帝乃賜棺木贈賻三

千匹

朱浮

朱浮（范書本傳浮字叔元沛國蕭人封新息侯）與彭寵書責之曰伯通自

伐以為功高天下往時遼東有豕生子白頭異而獻之

行至河東見羣豕皆白懷慚而還若以子之功論於朝

廷則為遼東豕也上不征遠意浮上疏切諫曰連年距

守吏士疲勞饑疲甲胄之營不得施上下相率焦心

大兵土業救讀之恩陛下興志之於河北誠不知所以

然浮上疏曰陛下率禮無違[illegible]關浮為

曰空賣國恩以為威福

張湛

張湛字子孝右扶風人以篤行從游鄉里歸德雖居遷

室闈處必自整頓三輔以為儀表（此再後御覽纂入）為馮翊見府寺門即下主簿進曰位尊德重不宜自輕湛曰禮下公門何謂輕哉為光祿大夫數正諫威儀不如法度者湛常乘白馬光武每有異政輒曰白馬生且復諫矣為太子太傅及郭后廢因稱疾拜太中大夫病居中東門候舍故時人號中東門君帝數存問賞賜後大司徒戴涉被誅帝强起湛以代之至朝堂遺失溲便因自陳疾篤不能復任朝事遂罷之

杜林

杜林字伯山扶風人於河西得漆書古文尚書經一卷每遭困厄握抱此經以寄隗囂地終不降志辱身至[illegible]簪蒿席草不食其粟隗囂乃出令曰杜伯山天子所不能臣諸侯所不能友蓋伯夷叔齊恥食周粟今且從師友之位須道開通使順其志林雖拘於囂而終不屈節建武六年弟成物故囂乃聽林持喪東歸既遣而悔追令刺客楊賢於隴坻遮殺之賢見林身推鹿車載致弟喪乃歎曰當今之世誰能行義我雖小人何忍殺義士因亡去林為侍御史先與鄭興同寓隴右乃薦之上徵興

黃繩祖

室閒處必自整頓三輔以為儀表（御覽[illegible]）為[illegible][illegible]
見府寺門即下主簿進曰位尊德重不宜自輕湛曰禮
下公門何謂輕故為光祿大夫數正諫威儀不如法度
者湛常乘白馬光武每有異政輒曰白馬生且復諫矣
為太子太傅及郭后廢因稱疾拜太中大夫居中東
門候舍故時人號中東門君帝數存問賞賜後大司徒
戴涉被誅帝強起湛以代之至朝堂遺失溲便因自陳
疾篤不能復任朝事遂罷之

杜林

東觀漢記　卷十三　五

杜林字伯山扶風人於河西得漆書古文尚書經一卷
每遭困厄握抱此經[illegible]喜隗囂地殺不降志辭身至[illegible]
辭囂[illegible][illegible]不食其粟[illegible]囂乃出令曰杜伯山天子所不
能臣諸侯所不能友蓋伯夷叔齊恥食周粟今且從師
友之位須道開通使順其志林雖拘於囂而終不屈節
建武六年弟成物故囂乃聽林持喪東歸既遣而悔追
令刺客楊賢於隴坻遮殺之賢見林身推鹿車載致弟
喪乃歎曰當今之世誰能行義我雖小人何忍殺義士
因亡去（林）爲侍御史先與鄭興同寓隴右乃薦之上徵興

黃繩祖

黄繩祖

爲太中大夫時議郊祀制以爲漢當祀堯林上疏曰臣聞營河雒以爲民刻肌膚以爲刑封疆畫界以建諸侯井田什一以供國用三代之所同及至漢興因時宜趨世務省煩苛取實事不苟貪高亢之論是以去土中之京師就關内之遠都除肉刑之重律用髡鉗之輕法郡縣不置世禄之家農人三十而取一政卑易行禮簡易從人無愚智思仰漢德樂承漢祀基業特起不因緣堯堯遠於漢民不曉信言提其耳終不悦諭后稷近於周民户知之世據以興基由其祚本與漢異祀郊高帝誠

從民望得萬國之歡心天下福應莫大於此民奉種祀且猶世主不失先俗羣臣僉薦鯀考績不成九載乃殛宗廟至重衆心難違不可卒改詩云不愆不忘率由舊章明當尊用祖宗之故文章也宜如舊制以解天下之惑合於易之所謂先天而天不違後天而奉天時義方軍師在外祭可且如元年郊祭故事建武八年閒郡國七大水涌泉盈溢林以爲倉卒時兵擅權作威張氏雖皆降散猶尚有遺脱長吏制御無術元元侵陵之所致也上疏曰臣聞先王無二道明聖用而治見惡如農夫

爲太中大夫時議郊祀制以爲漢當祀堯林上疏曰臣聞營河雒以爲民刻肌膚以爲刑封疆畫界以建諸侯井田什一以供國用三代之所同及至漢興因時宜趨世務省煩苛取實事不苟貪高亢之論是以去土中之京師就關內之遠都除肉刑之重律用髡鉗之輕法郡縣不置世祿之家農人三十而取一政卑易行禮簡易從民無愚智思仰漢德樂承漢祀基業特起不因緣堯堯遠於漢民不曉信言提其耳終不悅諭后稷近於周民戶知之世據以興基由其祚本與漢異祀郊高帝誠

從民望得萬國之歡心天下福應莫大於此民奉種祀且猶世主不失先俗羣臣僉薦鯀考績不成九載乃殛宗廟至重衆心難違不可卒改詩云不愆不忘率由舊章明當尊用祖宗之故文章也宜如舊制以解天下之惑合於易之所謂先天而天不違後天而奉天時義方軍師在外祭可且如元年郊祭故事建武八年間郡國上大水涌泉盈溢林以爲倉卒時兵擅權作威衆之誰皆序散循尚有遺脫長吏制御無術元元侵陵之所致也上疏曰臣聞先王無二道明聖用而治見惡如農夫

之務去草馬芟夷蘊崇之絶其本根勿使能殖畏其易
也古今通道傳其法於有根狼子野心奔馬善驚成王
深知其終卒之患故以殷民六族分伯禽七族分康叔
懷姓九宗分唐叔檢押其姦宄又還其餘於成周舊地
雜俗旦夕拘錄所以挫其强禦之力詘其驕恣之節也
及漢初興上稽舊章合符重規徙齊諸田楚昭屈景燕
趙韓魏之後以稍弱六國强宗邑里無營利之家野澤
無兼并之民萬里之統海内賴安後輙因衰麤之痛脅
以送終之義故遂相率而陪園陵無反顧之心追觀往

法政皆神道設教强榦弱枝本支百世之要也是以皆
永享康寧之福無怵惕之憂繼嗣承業恭已而治蓋此
助也其被災害民輕薄無累重者兩府遣吏護送饒穀
之郡或懼死亡卒爲傭賃亦足以消散其口救贍全其
性命也昔魯隱有賢行將致國於桓公乃流連貪位不
能早退況草創兵長卒無德能直以擾亂乘時擅權作
威玉食狃猱之意徼幸之望曼延無足張步之計是也
小民負縣官不過身死負兵家滅門殄世陛下昭然獨
見成敗之端或屬諸侯宫府元元少得舉首仰視而尚

之務去苛且甚者鹽害之絕其本根勿使從重異其息也古今通道傳其法於有根核于野心奔爲善讒致王深知其終率之患故以服民六族合伯會上孫合連救(?)懷徙凡宗分唐叔檢神其發究文遷其餘於成周舊地雜俗旦之始錄所以推其強樂之力誅其驕誇之節也及漢初興上稽舊章合符重規從齊諸由林昭風景然趙韓魏之後以稍弱六國強宗邑里無營利之家野澤無兼并之民高里之統海內殖安後輒因豪靡之濟費以送終之義故遠相率而陪園陵無反顧之心追觀往法政皆神道設教強幹弱枝本支百世之要也是以皆承享康寧之福無怵惕之憂繼嗣承業恭己而治蓋此助也其被災害民輕薄無累重者兩府遣吏護送饒穀之郡或懼死亡卒為傭賃亦及以消散其口救贍全其性命也昔魯隱有賢行將致國於桓公乃流連貪位不能早退況草創兵長卒無德能直以擾亂乘時擅權作威王念但據之意微章之望變延無足懷步之計是也小民負縣官不過身死負兵家滅門殄世陛下昭然獨見成敗之端戒慮諸侯宮府元元少得專宜仰覩西面

遺脫二十一石失制御之道令得復昌熾縱横此年大雨水潦暴長涌泉盈溢災壞城郭官寺吏民廬舍潰徙離處潰成坑坎臣聞水陰類也易卦地上有水比言性不相害故曰樂也而猥相毀墊淪失常敗百姓安居殆陰下相為蠹賊有大小負勝不齊均不得其所侵陵之象也詩云畏天之威于時保之惟陛下留神明察往來懼思天下幸甚遷大司徒司直百僚知林以名德用甚敬憚之為光祿勳林與馬援同鄉里素相親厚援從南方還時林馬適死援遣子持馬一匹遺林曰朋友有車馬之饋可且以備乏林受之居數月林遣子奉書曰將軍內施九族外有賓客望恩者多林父子兩人食列卿祿祿出常有盈今送錢五萬援受之謂子曰人當以此為法是杜伯山所以勝我也林為東海王傅王以師故數加饋遺林不敢受常辭以道上稟假有餘苦以車重無所置之代張純為大司空務於無為（案范書光武紀建武二十二年大司空朱浮免杜林為大司空二十三年林薨張純為大司空則是林代朱浮純復代林也此文有誤）

張純

張純字伯仁（案范書純傳純京兆杜陵人）建武初先詣闕封武始侯

遺脫二千石失制御之道令得復昌熾縱橫比華大兩

水潦暴長涌泉盈溢沒壞城郭官寺吏民廬舍潰徙離

處潰成坑坎臣聞水陰類也易卦地上有水比言性不

相害故曰樂也而猥相毀墊淪失常敗百姓安居殆陰

下相為蠹賊有大小負勝不齊均不得其所伐後之象

也誠今天之咸于時保之推陛下留神明察往來懼

思天下所以幸其還大可旋可直百德知林以名德用其譏

憚之為光祿勳與馬援同鄉里素相親厚援從南方

還時林馬適死援遣子持馬一匹遺林曰朋友有車馬之

東觀漢記　卷十三　八

之饋可且以備乏林受之居數月林遣子奉書曰將軍

內施九族外有賓客望恩者多林父子兩人食列卿祿

祿出常有盈今送錢五萬援受之謂子曰人當以此為

法是杜伯山所以勝我也林為東海王傅王以師故數

加賚遺林不敢受常辭以道上章假有餘告以東重無

所置之代張純為大司空務於無為 [illegible]

張純 [illegible]

張純字伯仁京兆杜陵人 [illegible] 建武初先詣闕封武始侯

黃鐵祖

為太中大夫在朝累世明習故事建武初舊典多闕每有疑義輒以訪純自郊廟婚冠喪紀禮儀多所正定一日或數四引見為虎賁中郎將純素重慎周密時上封事輒削去草建武二十六年詔純曰禘祫之祭不行已久矣宜據經典詳為其制純奏曰禮三年一祫五年一禘春秋傳曰大祫者何合祭也毀廟及未毀廟之主皆登合食入太祖廟五年而再殷漢舊制三年一祫毀廟主合食高廟存廟主未嘗合祭元始五年諸王公列侯廟會始為禘祭又前十八年親幸長安亦行此禮禘之為言諦諦定昭穆尊卑之義也禘祭以夏四月夏者陽氣在上陰氣在下故正尊卑之義也祫祭以冬十月冬者五穀成熟物備禮成故合聚飲食也斯典之廢于茲八年請可如禮施行以時定議帝從之自是禘祫遂定純臨終謂家丞翕曰吾無功於時猥蒙爵土身死之後勿議傳國爵子奮字稚通兄根常被病純薨大行移書問嗣翕上奮詔封奮奮上書曰根不病哀臣小稱病令翕移臣臣時在河南冢廬見純前告翕語自以兄弟不當蒙爵土之恩願下有司帝以奮違詔

[illegible]為太中大夫在朝累世明習故事[illegible]初舊典多闕每有疑義輒以訪純自郊廟婚冠喪紀禮儀多所正定一日或數四引見為虎賁中郎將純素重慎周密時上封事輒削去草建武二十六年詔純曰禘祫之祭不行已久矣宜據經典詳為其制純奏曰禮三年一祫五年一禘春秋傳曰大祫者何合祭也毀廟及未毀廟之主皆登合食乎太祖五年而再殷漢舊制三年一祫毀廟主合食高廟存廟主未嘗合祭元始五年諸王公列侯廟會始為禘祭又前十八年親幸長安亦行此禮禘之為言諦諦定昭穆尊卑之義也禘祭以夏四月夏者陽氣在上陰氣在下故正尊卑之義也祫祭以冬十月冬者五穀成熟物備禮成故合聚飲食也斯典之廢于茲八年謂可如禮施行以時定議帝從之自是禘祫遂定純臨終敕家丞翕曰吾無功於時猥蒙爵土身死之後勿議傳國爵子奮字稚通兄根常被病純薨大行移書問嗣合上奮詔封奮奮上書曰根不病京臣小稱病合會稜臣臣時在河南家廬見純前告翕語自以兄弟不當蒙爵土之恩願下有司審以會遺語

收下獄奮惶怖乃襲封謙儉節約閨門中和

黃繩祖

馮勤

馮勤字偉伯魏郡人曾祖揚宣帝時為弘農太守生八男皆典郡趙魏間號為馮萬石兄弟形皆偉壯惟勤祖偃長不滿七尺為黎陽令常自謂短陋恐子孫似之乃為子伉娶長妻生勤長八尺三寸魏郡太守范橫上疏薦勤為郎中給事尚書以圖議軍糧在事精勤遂見親識由是使典諸侯封事勤差量功次輕重國土遠近地勢豐薄不相踰越莫不厭服焉自是封爵之制非勤不

定遷司徒是時三公多見罪退上賢勤欲令以善自珍乃因燕見從容誡之曰朱浮上不忠於君下凌轢同列竟以中傷人臣放逐遭誅雖追加賞賜不足以償不訾之身忠臣孝子覽照前世以為鏡誡能盡忠於國事君無二則爵賞光於當世功名列於不朽可不勉哉中元元年車駕西幸長安祀園陵還勤燕見前殿盡日歸府因病喘逆上使太醫療視賞賜錢帛遂薨

馮魴

馮魴字孝孫（案范書魴傳魴南陽湖陽人）其先魏之別封曰華侯華

侯孫長卿食采馮城因以氏焉魴父名揚明帝詔曰馮魴以忠孝典兵出入八年數進忠言正諫其還故爵為楊邑侯賜以玉玦（案范書魴傳光武中元元年魴代張純為司空三年封楊邑鄉侯明帝永平四年坐考隴西太守鄧融聽任姧吏策免削爵土至是復故爵）帝東巡郡國留魴宿衛南宮救魴車駕發後將緹騎宿玄武門複道上領南宮吏士南宮複道多惡風寒老人居之且病痱若向南者多取帷帳東西完塞諸牕望令緻密子孫得魴所魴父子兄弟並帶青紫三代侍中

馮石

馮石（案石魴子柱次子）襲母公主封獲嘉侯亦為侍中稍遷衛尉能取悅當世為安帝所寵帝嘗幸其府留飲十許日賜駮犀具劍佩刀紫艾綬玉玦各一

趙憙

趙憙字伯陽（案范書憙傳憙南陽宛人）奮迅行伍少有節操從兄為人所殺無子憙常思欲報之遂往復讎而讎家皆疾病憙以因疾報殺非仁者心且釋之而去顧謂讎曰爾曹若健遠相避後病愈悉自縛詣憙憙不與相見後竟殺之更始即位舞陰大姓李氏擁城不下更始遣柱天將

棨隱文

黃繩祖

軍李寶降之不肯云聞究之趙氏有孤孫憙信義著聞願得降之更始徵憙使詣舞陰李氏遂降憙為赤眉兵所圍迫急乃亡走與友人韓仲伯等數十人攜小弱越山出武關仲伯以其婦有色恐有强暴者而已受其害欲棄之於道憙責怒仲伯以泥塗其婦面載以鹿車身自推每逢賊欲逼奪輒為求哀言其病遂脫遇更始親屬皆裸跣塗炭饑困不能前憙見之悲感所裝縑帛資糧悉以與之光武以憙守簡陽侯相敕從騎都尉儲融受兵二百人通利道路憙白上不願受融兵單車馳往

度其形況上許之為平原太守於是擢舉義行誅鋤姦惡後青州大蝗入平原界輒死歲屢有年百姓歌之建武二十六年上延集內戚讌會諸夫人各前言為趙憙所濟活上甚嘉之後徵憙入為太僕引見謂曰卿非但為英雄所保也婦人亦懷卿之恩厚加賞賜拜太尉以日食免（圈）范書憙傳建武二十七年拜太尉明帝永平三年坐考中山相薛修不實免非因日食也且以災異策免三公自安帝時徐防始光武時未有此此文疑誤為衛尉性周密盡心事上夙夜匪懈恩寵甚厚母歿乞身行服顯宗不許遣使為釋服賞賜恩寵甚渥憙內典宿衛外幹宰職正身立

朝未嘗懈惰及帝崩復典喪事再奉大行禮事修舉肅宗即位進為太傅詔曰行太尉事趙憙三葉在位為國元老其以憙為太傅

黃繩祖

東觀漢記卷十三

東觀漢記　卷十三　十三

朝本審禮儀及帝崩復典喪事再奉大行禮事修舉肅宗即位進爲太傅詔曰行太尉事趙熹三世在位爲國元老其以熹爲太傅

黃錦祖

紫陰文

黃繩祖

東觀漢記卷十四

列傳九

朱鮪

朱鮪（案范書岑彭傳鮪淮陽人）等會城南淯水上沙中設壇立聖公為天子鮪破上大喜諸將賀之懇上尊號鮪守雒陽吳漢諸將圍守數月不下上以岑彭嘗為鮪校尉令彭說鮪曰赤眉已得長安今公誰為守乎蕭王受命平定燕趙百姓安土歸心賢俊四面雲集今北方清淨大兵來攻雒保一城欲何望乎不如亟降鮪曰大司徒公被

害時鮪與其謀又諫更始無遣上北伐自知罪深故不敢降耳彭還詣河陽白上上謂彭復往曉之夫建大事者不忌小怨今降官爵可保況誅罰乎上指水曰河水在此吾不食言彭奉上旨復至城下說鮪因曰彭往者得執鞭侍從蒙薦舉拔擢深受厚恩思以報義不敢負公鮪從城上下索曰當如此來彭趨索欲上鮪見其不疑即曰旦蚤與我會上東門外彭如期往與鮪交馬語鮪輕騎詣彭降馬彭為殺羊具食鮪曰身為降虜未見吳公諸將不敢食彭即令鮪自縛與俱見吳公將詣行

二案字俱降文

案降

在所河津亭上即時解鮪縛復令彭夜送歸雒陽案范書岑彭傳鮪明旦悉衆出降拜為平狄將軍封扶溝侯成德侯鮪玄孫祀案范書不載鮪徙封成德坐殺人國除

黃繩祖

鮑永

鮑永字君長上黨人也少有志操事後母至孝妻嘗於母前叱狗而永即去之為郡功曹時有稱侍中止傳舍者太守趙興欲出謁永以不宜出當車拔佩刀案范書本傳作拔佩刀截馬當胸此[illegible]興因還後數日詔書下捕之果矯稱使者由是知名更始以永行大將軍事得置偏裨將五人拜僕射行將軍事將兵安撫河東性好文德雖行將軍常衣皁襜褕路稱鮑尚書兵馬光武遣諫議大夫儲大伯持節徵永永疑不從乃收繫大伯封所持節於晉陽傳舍壁中遣信人馳至長安永遣弟升及子壻張舒等謀使營尉李匡先反涅城開門內兵殺其縣長馮晏立故謁者祝回為涅長更始歿永與馮欽共罷兵幅巾而居後歸[illegible]上上謂永曰我攻懷三日兵不下關東畏卿且將故人往即拜永諫大夫至懷謂太守曰足下所以堅不下者未知孰是也今聖主即位天下已定不降何待

何侍[illegible]開城降永說下懷上大喜與永對飲賜洛陽上
商里宅為魯郡太守時彭豐等不肯降後孔子闕里無
故荆棘自闢從講室掃除至孔里永異之召郡府丞謂
曰方今阸急而闕里無故自滌豈夫子欲令太守大行
饗誅無也乃修學校理請豐等會手格殺之[illegible]為司
隸校尉時帝叔父趙王良從送中郎將來歙喪還入夏
城門中與五官將軍相逢道迫良怒召門侯岑尊叩頭
馬前永劾奏良曰今月二十七日車駕臨故中郎將來
歙喪還車駕過須臾趙王從後到與右中郎將張邯相

逢城門中道迫狹叱邯旋車又召候岑尊詰責使前走
數十步案良諸侯藩臣蒙恩入侍宜知尊帝城門候吏
六百石而肆意加怒令叩頭都道奔走馬頭前無藩臣
之禮大不敬也永矜嚴公平以平陵鮑恢為都官從事
並伉直不避強禦詔策曰貴戚且當斂手以避二鮑其
見憚如此永行縣到京兆霸陵過更始冢引車入陌欲
下從事諫止之永曰親北面事人何忍車過其墓雖以
獲罪司隸不避也遂下車哭盡哀而至右扶風椎牛上
苟諫冢上聞之問公卿曰奉使一此何如太中大夫弘

何俟[illegible]開城降永說下懷上大喜與永對飲賜洛陽上
商里宅為魯郡太守時彭豐等不肯降後孔子闕里無
故荆棘自闢從講室掃除至孔里永異之召郡府丞謂
曰方今危急而闕里無故自滌豈夫子欲令大守大行
禮誅無道也乃修學校理請豐等會手格殺之[illegible]為司
隸校尉時帝叔父趙王良從送中郎將來歙喪還入夏
城門中與五官將軍相逢道迫良怒召門候岑尊叩頭
馬前永劾奏良曰今月二十八日車駕臨故中郎將來
歙喪還車駕過須臾趙王從後到與右中郎將張邯相
東觀漢記

逢城門中道迫挾叱聞旋車入召候岑尊詣責使前走
數十步案良諸侯藩臣蒙恩入侍宜知尊帝城門候吏
六百石而肆意加怒令叩頭都道奔走馬頭前無藩臣
之禮大不敬也永矜嚴公平以平陵鮑恢為都官從事
並伉直不避彊禦詔策曰貴戚且當斂手以避二鮑其
見憚如此永行縣到京兆霸陵過更始冢引車入陌欲
下從事諫止之永曰親北面事人何忍車過其墓雖以
獲罪司隸不避也遂下車哭盡哀而至右扶風椎牛上
苟諫冢上聞之問公卿曰奉使[illegible]此何如太中大夫[illegible]

案陸文

案陸文

堪對曰仁者百行之宗忠者禮義之主仁不遺舊忠不
忘君行之高者也上悅永以度田不實被徵（案范書永傳時永為東海相）
詔書迹下永曰君晨夜冒犯霜露精神亦已勞矣
以君帷幄近臣其以為兖州牧

鮑昱

鮑昱字文淵（案昱永子）泚陽長邑人趙堅殺人繫獄其父母
詣昱自言年七十餘惟有一子適新娶今繫獄當死長
無種類涕泣求哀昱憐其言令將妻入獄解械止宿遂
任身有子拜司隷校尉詔昱詣尚書使封胡降檄上遣

小黃門問昱有所怪不對曰臣聞故事通官不著姓又
當司徒露布怪使司隷而著姓也帝報曰吾欲使天下
知忠臣之子復為司隷司徒例訟久者至數十年比
例輕重非其事類錯雜難知昱奏定詞訟七卷決事都
目八卷以齊同法令息過人訟也（案范書昱傳昱以永平十七年為司徒）

田邑

田邑字伯玉馮翊蓮芍人也其先齊諸田父豐為王莽
著威將軍邑有大節涉學藝能善屬文初為上黨太守
鄧禹使積弩將軍馮愔將兵擊邑愔悉得邑母弟妻子

黃繩祖

提對曰仁者百行之宗忠者禮義之主仁不遺舊忠不
忘君行之高者也上欲永以為度田不實被徵[印]時范書永為
相東海詔書迭下永因始處故罷[illegible]精神亦已勞矣
以君帷幄近臣其以[illegible]為究判救

鮑昱

鮑昱字文淵永子昱沘陽長邑人趙堅殺人繫獄其父母
詣昱自言年七十餘唯有一子適新娶今繫獄當死長
無種類涕泣求哀昱憐其言令將妻入獄解械止宿遂
任身有子拜司隸校尉詔昱詣尚書使封胡降檄上遣

東觀漢記 卷十四　四

小黃門問昱有所怪不對曰臣聞故事通官不著姓又
當司徒露布怪使司隸而著姓也帝報曰吾欲使天下
知忠臣之子復為司隸也[illegible]司徒辭訟久者至數十年比
例輕重非其事類錯雜難知昱奏定辭訟七卷決事都
目八卷以齊同法令息遏人訟也 平[印]十范書文[illegible]年為傳曰是法以求

田邑

田邑字伯玉馮翊蓮勺人也其先齊諸田父豐為王莽
寧始將軍邑有大節涉學藝能善屬文邑為上黨太守
鄧禹使積弩將軍馮愔將兵擊邑愔悉得邑母弟妻子

黃鏞祖

紫陰文

黄繩祖

案范書馮衍傳世祖遣劉延攻天井關與田邑戰邑迎母弟妻子為延所獲與此文異後邑聞更始敗乃歸世祖世祖遣騎都尉弓里游諫大夫何叔武即拜邑為上黨太守時更始遣鮑永馮衍屯太原衍與邑素誓刎頸俱受重任忿邑背前約乃遺書責邑曰晏嬰臨盟擬以曲戟不易其辭邑以書勸鮑永曰愚聞丈夫不釋故而改圖哲士不徼幸而出危今君長故主敗不能死新主立不肯降擁衆而據壁欲襲六國之從與邑同事一朝內為刎頸之盟興兵背畔攻取涅城破君長之國壞父母之鄉首難結怨輕弄凶器人心難知何意

君長當為此計昔者韓信將兵無敵天下功不出世略不再見威執項羽名出高帝不知天時就烹於漢智伯分國既有三晉欲大無已身死地分頭為飲器君長銜命出征擁帶徒士上黨阨不能救河東畔不能取朝有顛沛之憂國有分崩之禍上無仇牧之節下無不占之志天之所壞人不能支君長將兵不與韓信同日而論威行得衆不及智伯萬分之半不見天時不知厭足欲明人臣之義當先知故主之未然欲貪天下之利宜及新主之未為今故主已敗新主既成四海為羅網天下

新主之未為今故主已敗新主既成四海為羅網天下
明人臣之義當先知故主之未然欲貪天下之利宜及[illegible]
威行得衆不及智伯萬分之半不見天時不知厭足[illegible]
為人之所[illegible]入不能支吾將兵不與韓信同日而論
顛沛之憂國有分崩之禍上無[illegible]下無[illegible]不取[illegible]
命出征擁帶從士上黨已不能救河東畔不[illegible]君[illegible]
分國既有三晉欲士大無已身死地分頭就戮[illegible]君[illegible]
不再見成就項羽名出高帝不知天時就[illegible]漢[illegible]
君長當為此計昔者韓信將兵無敵天下功不世出略

東觀漢記　卷十四　五

長之國壤父母之鄉首難結從轉手之器入心[illegible]
已同事一朝乃為[illegible]之盟興兵背畔攻取六國以從[illegible]
不能死新主立不背降[illegible]而據壁故合君[illegible]
夫不釋故而圖[illegible]士不[illegible]
盟[illegible]以由[illegible]不易其辭[illegible]以書[illegible]永曰[illegible]
已素誓[illegible]顧俱安重任危已許[illegible]乃遣書青已[illegible]
印拜已為上賓大守時更始遣[illegible]行大夫[illegible]
始敗乃歸世祖世祖遣[illegible]都尉已里[illegible]大何[illegible]
圖 [illegible]

為敵人舉足遇害動搖觸患履深淵之薄冰不為號涉千鈞之發機不知懼何如其智也絕鮑氏之姓廢子都之業誦堯之言服桀之行悲夫命也張舒內行邪孽不遵孝友踈其父族外附妻黨已收三族將行其法能逃不自詣者舒也能夷舒宗者子也永邑遂結怨馬邑為漁陽太守未到官道病徵還為諫議大夫病卒

馮衍

馮衍字敬通其先上黨潞人曾祖父奉世徙杜陵祖野王生座襲父爵為關內侯座生衍衍少有俶儻之志更

始時為偏將軍與鮑永相善更始既敗固守不以時下衍說吳漢曰得道之兵鼓不振塵建武初為揚化大將軍掾辟鄧禹府數奏記於禹陳政言事曰衍聞明君不惡切慤之言以測幽冥之論忠臣不顧爭引之患以達萬幾之變是故君臣兩興功名兼立名勒金石令問不忘今衍幸逢寬明之日將值危言之時豈敢拱默避罪而不竭其誠哉伏念天下離王莽之害久矣始自東郡之師繼以西海之役巴蜀沒於南夷緣邊破於北狄遠征萬里暴兵累年禍挐未解兵連不息刑法彌深賦斂

為敵入乘凡遇害動擾屬惠願擇淵入謀求不為殘徒
千鈞之發機不知懼何如其智也絕臨內之理廢子萬
之業論議之言服粲之行悲夫命也縱節內行邪孌不
遺著在諫其父族外附妻黨已收三族將行其法能
不自語若舒也能衷靜宗若子也永西遂結盜高色為
漁陽太守未到官道病徵還為諫議大夫病卒

馮衍

馮衍字敬通其先上黨潞人曾祖父奉世徙杜陵祖野
王主庭讓父爵為關內侯庭主衍少有俶儻之志更

始時為偏將軍與鮑永相善更始既敗固守不以時下
行說吳漢曰得道之兵鼓不振塵建武初為揚化大將
軍掾辟鄧禹府數奏記於禹陳政言事曰衍聞明君不
惡切愨之言以測幽冥之論忠臣不顧爭引之患以達
萬機之變是故君臣兩興功名兼立銘勒金石令問不
忘今衍幸逢寬明之日將值危言之時豈敢拱默避罪
而不竭其誠哉伏念天下離王莽之害久矣始自東郡
之師繼以西海之役巴蜀沒於南夷緣邊破於北狄遠
征萬里暴兵累年禍挐未解兵連不息刑法彌深賦斂

黃繩祖

吾吉甫攘其蟲賊安其疆宇況乎萬里之漢明帝復興而大將軍為之梁棟此誠不可以忽也且衍聞之兵久則力屈人愁則變生今邯鄲之賊未滅真定之際復擾而大將軍所部不過百里守城不休戰軍不息兵革雲集百姓驚駭奈何自怠不為深憂夫并州之地東帶石陘關北逼彊胡年穀獨熟人庶多資斯四戰之地攻守之場也如其不虞何以待之故曰德不素積人不為用備不豫具難以應卒今生人之命懸於將軍將軍所仗必須良才宜改易非任更選賢能夫十室之邑必有忠信無謂無賢路有聖人審得其人以承大將軍之明雖則山澤之人無不感德思樂為用矣然後簡精銳之卒發屯守之士三軍既整甲兵已具相其土地之饒觀其水泉之利制屯田之術習戰射之教則威風遠暢人安其業矣若鎮太原撫上黨收百姓之歡心樹名賢之良佐天下無變則足以顯聲譽一朝有事則可以建大功惟大將軍開日月之明發深淵之慮監六經之論觀孫武之策省羣議之是非詳衆士之白黑以超周南之迹垂甘棠之風令夫功烈施於千載富貴傳於無窮伊望之

吾吉甫攘其蟊賊，安其疆宇。況乎萬里之漢，明帝復興，而大將軍為之梁棟，此誠不可以忽也。且衍聞之，兵久則力屈，人愁則變生。今邯鄲之賊未滅，真定之際復擾，而大將軍所部不過百里，守城不休，戰軍不息，兵革雲集，百姓驚駭，奈何自怠，不為深憂？夫并州之地，東帶石陘關，北逼彊胡，年穀獨孰，人庶多資，斯四戰之地，攻守之場也。如其不虞，何以待之？故曰德不素積，人不為用；備不豫具，難以應卒。今生人之命，縣於將軍，將軍所仗，必須良才，宜改易非任，更選賢能。夫十室之邑，必有忠

信，無謂無賢，路有聖人。審得其人，以承大將軍之明，雖則山澤之人，無不感德，思樂為用矣。然後簡精銳之卒，發屯守之士，三軍既整，甲兵已具，相其土地之饒，觀其水泉之利，制屯田之術，習戰射之教，則威風遠暢，人安其業矣。若鎮太原，撫上黨，收百姓之歡心，樹名賢之良佐，天下無變，則足以顯聲譽，一朝有事，則可以建大功。惟大將軍開日月之明，發深淵之慮，監六經之論，觀孫吳之策，省羣議之是非，詳眾士之白黑，以超周南迹，垂甘棠之風，令夫功烈施於千載，富貴傳於無窮。伏望之

東觀漢記卷十五

列傳十

丁綝

丁綝字幼春，定陵人也。伉健有武略，從上渡河，拜河南太守。及封功臣，上令各言所樂，謂綝曰：「諸將皆欲縣，子獨求鄉，何也？」案：范書丁鴻傳：諸將皆占豐邑美縣，惟綝願封本鄉。或謂綝曰：人皆欲縣，子獨求鄉，何也？與此[illegible]異。綝曰：「昔孫叔敖敕其子，受封必求磽确之地，今綝能薄功微，得鄉亭厚矣。」上從之，封為定陵新安鄉侯，食五千戶，後徙封陵陽侯。

丁鴻

丁鴻字孝公，案：鴻，綝長子。李善文選注作字季公。年十三，從桓榮受歐陽尚書，三年而明章句，善論難，為都講，遂篤志精銳，布衣荷擔，不遠千里。父綝從征伐，鴻獨與弟盛居，憐盛幼小而共寒苦。及綝卒，鴻當襲封，上書讓國於盛，書不報。既葬，乃挂衰絰於家廬而去，留書與盛曰：「鴻貪經書，不顧恩義，弱而隨師，生不供養，死不飯唅，皇天祖禰，並不佑助，身被大病，不任茅土。前上疾狀，願辭爵，章不報，迫於當封，謹自放。」鴻初與九江人鮑駿同事桓榮，甚相友善

黃繩祖

黃繩祖

求通待報雖奉璽書受臺敕不敢去至數十日背公室向私門此乃上威損下權盛外附之臣依託權門諂諛以求容媚宜誅之永元四年[illegible]兼衛尉鴻薨子湛嗣湛卒子浮嗣浮卒子蘷嗣

案陰文

宣秉

宣秉案范書秉傳秉字巨公馮翊雲陽人建武元年拜御史中丞上特詔御史中丞與司隸校尉尚書令會同並專席而坐故京師號曰三獨坐

案陰文

宣彪

宣彪案彪秉子官至玄菟太守

案陰文

王丹

王丹字仲回京兆人也資性清白疾惡豪強每歲農時載酒肴便於田頭大樹下飲食勸勉之案此句太平御覽作於田間候勤者與而勞之因留其餘酒肴而去閭里有喪憂輒度其資用教之儉約因為其制日定葬其親喪不過留殯一月其下以輕重差焉時河南太守同郡陳遵關西之大俠也其友人喪親遵為護喪事賻助甚厚丹乃懷縑一匹陳之於主人前曰如丹此縑出自機杼遵聞而有慚色更

來通待報雖奉通書及臺敕不敢去至數十日皆公室向私門近乃上威損下權盛外附之臣依託權門諂諛以來客欲宜謀之永元四年■東衛尉為舉子遺嗣卒子密嗣密卒子豐嗣

宣秉

宣秉巨公馮翊雲陽人范書東觀傳東京建武元年拜御史中丞上特詔御史中丞與司隸校尉尚書令會同並專席而坐故京師號曰三獨坐

宣彪

宣彪官至玄菟太守

王丹

王丹字仲回京兆人也資性清白疾惡豪強[illegible]故農時載酒肴便於田頭大樹下飲食勸勉之范書作此於田閒候勤者而勞之因留其餘酒肴而去其閭里有喪憂度其遺用數之愧恐因為其閭自究業其親喪不過留[illegible]一且其下以轉重產為書河南太守同郡陳遵關西之大俠也其友人喪親遵為護喪事賻助甚厚丹乃懷縑一匹陳之於主人前曰如丹此縑出自機杼遵聞而有慚色更

案陸文

黃繩祖

始時陳遵為大司馬護軍（案護軍二字從前漢書游俠匈奴傳增）出使匈奴過辭於丹丹曰俱遭時反覆惟我二人為天地所遺今子當之絕域無以相贈贈子以不拜遂揖而別遵甚悅之鄧禹平三輔糧乏丹上麥二千斛禹高其節義表丹領左馮翊（案范書丹傳丹以稱疾不視事免歸）司徒侯霸欲與[illegible]丹定交丹被徵霸遣子昱候昱道遇丹拜於車下丹答之昱曰家君欲與君殺分何以拜子孫耶丹曰君房有是言王丹未許之丹子有同門生喪親家在中山白丹欲往奔慰結侶將行丹怒而撻之令寄縑以祠焉或問其故

丹曰交道之難未易言也初有薦士於丹者丹選舉之而後所舉者陷罪丹坐免客慚自絕俄而丹復徵為太子太傅乃呼客見之謂曰何量丹之薄不為設席食以罰之相待如舊

王良

王良字仲子東海人少清高為大司徒司直在位恭儉妻子不之官舍布被瓦器時司徒吏鮑恢以事到東海過候其家而良妻布裙徒跣曳柴從田中歸恢曰我司徒吏故來受書欲見夫人妻曰妾是也恢乃下拜歎息

黃繩祖

而還良以疾歸一歲復徵至滎陽疾篤不任進道乃過其友人友人不肯見曰不有忠言奇謀而取大位何其往來屑屑不憚煩也遂拒之良慚自後連徵輒稱疾

申屠剛

申屠剛字巨卿扶風人性剛直中正志節抗厲常慕史鰌汲黯之為人涉獵書記果於行義元始中舉賢良對策昔周公豫防禍首先遣伯禽守封於魯離斷至親以義割恩使已尊寵不加其後言甚切直建武初徵拜侍御史遷尚書令謇謇多直言無所屈撓時隴蜀未平上

嘗欲近出剛諫上不聽剛以頭軔乘輿車輪馬不得前

郅惲

郅惲字君章汝南人也上書諫王莽令就臣位莽大怒即收繫惲難即害使黃門脅導惲令為狂疾恍惚不自知所言惲曰所言皆天文非狂人所造作惲與董子張友子張父及叔父為鄉里盛氏一時所害子張病將終惲往候之子張視惲歔欷不能言曰吾知子不悲天命長短而痛二父讎不復也子張目擊而已惲即將客遮讎人取其頭以示子張子張見而氣絕惲見令以狀首

黃繩祖

令應之進趨出就獄令跣追之不及即自入獄謝惲拔刀自嚮以要惲曰子不從我出敢不以死明心乎惲遂出汝南太守歐陽歙召惲為功曹汝南舊俗十月饗會百里内皆齎牛酒到府飲讌時臨饗禮畢歙教曰西部督郵繇延天資忠貞不嚴而治今與衆儒共論延功顯之於朝惲於下座愀然前曰案延資性貪邪外方内員朋黨搆姦罔上害民明府以惡為善以直從曲此既無君又復無臣惲敢奉觥歙色慚不知所為門下掾鄭敬進曰君明臣直功曹言切明府德也歙意少解曰實歙

罪也鄭次都隱於弋陽山中惲即去從次都止漁釣甚娛留數十日惲喟然歎曰天生俊士以為民也鳥獸不可與同羣子從我為伊尹乎將為許巢而去堯舜也次都曰吾年耄矣安能從子子勉正性命勿勞神以害生告别而去惲客於江夏郡舉孝廉為郎為上東門候光武嘗出夜還詔開門欲入惲不納上令從門閒識面惲曰火明燎遠遂拒不開明日惲上書曰昔文王不敢盤於遊田以萬民為憂而陛下遠獵山林以夜繼晝其如社稷宗廟何誠小臣所竊憂也由是上特重之惲為長

令應之遲趨出就獄令跣追之不及門內入[illegible]乃自縊以要惲曰子不從我出敢不以死明心乎惲出汝南太守歐陽歙召惲為功曹汝南舊俗十月饗百里內皆齎牛酒到府飲讌時臨饗禮畢歙教曰西部郵繇延天資忠貞不嚴而理今與眾儒共論延功之於朝惲於下坐愀然前曰案延資性貪邪外方內朋黨構姦罔上害民明府以惡為善以直從曲此既君又復無臣惲敢奉觥歙色慙不知所為門下掾鄭敬進曰君明臣直功曹言切明府德也歙意少解曰實歙

東觀漢記　卷十五　六

罪也鄭次都隱於弋陽山中惲即去從次都止漁釣甚娛留數十日惲喟然歎曰天生俊士以為民也鳥獸不可與同羣子從我為伊尹乎將為許巢而去[illegible]都曰吾年耄矣安能從[illegible]子既正性命乃皆神以害生吾別而去惲客於江夏郡舉孝廉為郎為上東門候光武嘗出夜還詔開門欲入惲不納上令從門間識面曰火明燎遠遂拒不開明日惲上書曰昔文王不敢盤於遊田以萬民為憂而陛下遠獵山林以夜繼晝其如社稷宗廟何敢小臣所竊憂也由是上特重之俾為良

沙太守坐前守張禁多受遺送千萬以惲不推劾故左遷芒長芒守丞韓龔受大盜丁仲錢阿擁之加笞八百不死入見惲稱仲健惲怒以所杖鐵杖捶龔龔出怨懟遂殺仲惲故坐免

郭伋

郭伋字細侯河南人也（案范書伋傳以伋為扶風茂陵人與此異）拜潁川太守召見辭謁帝勞之曰郡得賢能太守去帝城不遠河潤九里冀京師并蒙福也為并州牧前在州素有恩德老小相攜道路行部到西河美稷有童兒數百各騎

竹馬於道次迎拜伋問兒曹何自遠來對曰聞使君始到喜故奉迎伋辭謝之事訖諸兒送出郭外問使者何日當還伋使別駕計日告之既還先期一日伋謂違信止於野亭須期乃入伋知盧芳夙賊難卒以力制常嚴烽候明購賞以結寇心

杜詩

杜詩字君公（案范書詩傳河內汲人）建武元年為侍御史安集洛陽時將軍蕭廣放縱兵士猝暴民間詩敕曉不改遂格殺廣還以狀聞上召見賜以棨戟復使河東誅降

黃繩祖

逆賊楊異等為南陽太守性節儉而治清平以誅暴立威信善於計略省愛民役造作水排鑄為農器用力省見功多時人方於召信臣故南陽人為之語前有召父後有杜母生遣客為弟報讎被徵會病卒喪無所歸詔使治喪郡國邸賻絹七千匹

孔奮

孔奮字君魚右扶風茂陵人竇融請奮署議曹掾守姑臧長奮素孝供養至謹時天下擾亂惟河西獨安而姑臧稱為富邑通貨故羌市四合每居縣者不盈數月輒致豐積奮在姑臧四年財物不增惟老母極膳妻子但菜食或嘲奮曰直脂膏中亦不能自潤而奮不改其操詔書以奮在姑臧治有絕迹賜爵關內侯為武都丞妻時在郡為隗囂餘黨所攻殺太守得奮妻子奮追賊賊推奮之子於軍前奮年五十惟有一子不顧遂擒賊而其子見屠帝嘉其忠遷武都太守奮篤於骨肉弟奇在洛陽為諸生分俸祿以供給其糧用四時送衣下至脂燭每有所食甘美輒分減以遺奇

張堪

遷[illegible]聽異等為南陽太守性節儉而治清平以誅暴立威信善於計略省愛民役造作水排鑄為農器用力少見功多時人方於召信臣故南陽人為之語曰前有召父後有杜母坐遣客為弟報讎被徵會病卒喪無所歸詔使治喪郡國邸賻絹七千匹

孔奮

孔奮字君魚右扶風茂陵人竇融請奮署議曹掾守姑臧長奮素孝供養至謹時天下擾亂唯河西獨安而姑臧稱為富邑通貨故羌市日四合每居縣者不盈數月輒致豐積奮在姑臧四年財物不增惟老母極膳妻子但菜食或嘲奮曰直脂膏中亦不能自潤而奮不改其操詔書以奮在姑臧治有絕迹賜璽書褒美為武都郡丞時在郡為隗囂餘黨所攻殺太守得奮妻子奮追賊賊推奮之子於軍前奮年五十惟有一子不顧遂擊賊而其子見屠帝嘉其忠遷武都太守奮篤於骨肉弟奇在洛陽為諸生分俸祿以供給其糧用四時送衣下至脯臘每有所食甘美輒分減以遺奇

張堪

黃[illegible]注

二葉字僅陸文

葉陸文

葉陸文

葉陸文

黃繩祖

張堪字君游（案范書堪傳堪南陽宛人）年六歲受業長安治梁丘易才美而高京師號曰聖童堪守蜀郡（案范書堪傳不載堪為蜀守）公孫述遣擊之堪有同心之士三千人相謂曰張君養我曹為今日也乃選擇水軍三百人斬竹為箄渡水遂免難堪與吳漢并力討公孫述遂破蜀漢先遣堪入成都鎮撫吏民時述珍寶珠玉委積無數堪錄簿上官秋毫無取堪去蜀郡乘折轅車白布被囊為漁陽太守有惠政開治稻田八千餘頃教民種作百姓以殷富童謠歌曰桑無附枝麥穗兩岐張君為政樂不可支視事八年

匈奴不敢犯塞光武詔曰平陽城李善稱故令范遷於張堪（案此句疑有脫誤）令人面熱出汗其賜堪家新繒百匹以表廉吏

衛颯

衛颯（案范書颯傳颯字子產河南修武人）為桂陽太守鑿山通路列亭置驛視事十年徵還颯到即引見賜食於前從吏二人賜冠幘錢人五千

茨充

茨充字子河（案酈道元水經注作字子何）宛人也初舉孝廉之京師

同侶馬死充到前亭輒舍車持馬還相迎鄉里號之曰一馬兩車茨子河充為桂陽太守俗不種桑無蠶織絲麻之利類皆以麻枲頭縕著衣民惰窳少麤履盛冬皆以火燎足多剖裂充令屬縣教民益種桑柘養蠶桑織履復令種紵麻數年之間人賴其利衣履溫煖元和中荊州刺史上言臣行部入長沙界觀者皆徒跣臣問御佐曰人無履亦苦之否御佐對曰十二月盛寒時並多剖裂血出然火燎之春溫或膿潰建武中桂陽太守茨充教人種桑蠶人得其利至今江南頗知桑蠶織履皆充之化也

黄繩祖

任延

任延字長孫南陽宛人更始拜為會稽西部都尉時年十九迎吏見其少皆驚及到澹泊無為下車遣吏以中牢具祠延陵季子時天下新定道路未通避亂江南者皆未還中土會稽頗稱多士延到皆禮之乃聘請高行俊乂如董子儀嚴子陵等敬待以師友之禮掾吏貧者輒分俸祿以賑給之省諸卒令耕公田以周窮急每時行縣輒使慰勉孝子就餐飯之崇禮養善如此建武初

同侶馬死充到前亭輒舍車持馬還相迎鄉里號之曰一馬兩車茨子河充為桂陽太守俗不種桑無蠶織絲麻之利類皆以麻枲頭縕著衣民惰窳少麤履盛冬皆以[illegible]火燎足多剖裂充令屬縣教民益種桑柘養蠶織履復令種紵麻數年之間人賴其利衣履溫暖元和中荊州刺史上言臣行部入長沙界觀者皆徒跣臣問御佐曰人無履亦苦之否御佐對曰十二月盛寒時並多剖裂血出然火燎之春溫或膿潰建武中桂陽太守茨充教人種桑蠶人得其利至今江南頗知桑蠶織履

皆充之化也

任延

任延字長孫南陽宛人更始拜為會稽西部都尉時年十九迎吏見其少皆驚及到靜泊無為下車遣吏以中牢具祠延陵季子時天下新定道路未通避亂江南者皆未還中土會稽頗稱多士延到皆禮之乃聘請高行俊乂如董子儀嚴子陵等敬待以師友之禮掾吏貧者輒分俸祿以賑給之省諸卒令耕公田以周窮急每時行縣使慰勉孝子就餐飯之禮養善如此建武初

黃[illegible]祖

棠陰文

黃繩祖

旅至夜聚衣裝道旁曰以付樊公後還其物如故涼州為之歌曰寧見乳虎穴不入冀府赤大笑期必死忿怒或見置嗟我樊府君安可再遭值

李章

李章[案范書章傳章字第公河內懷人]為千乘太守坐誅斬盜賊過濫徵下獄免

馮駿

長沙中尉馮駿將兵詣岑彭璽書拜駿為威虜將軍

鄧讓

鄧讓夫人光烈皇后姊也

東觀漢記卷十五

旅至夜聚衣裝道旁曰以付樊公從還其物北故涼州

爲之歌曰寧見乳虎穴不入冀府寺大笑期必死忿怒

或見置嗟我樊府君安可再遭值

李章

李章字第公案范書章傳河內懷人章爲千乘太守坐誅斬盜賊過濫

徵下獄免

馮駿

長沙中尉馮駿將兵詣岑彭遣書拜駿爲威虜將軍

鄧讓

鄧讓夫人光烈皇后姊也

東觀漢記卷十五

黃巖祖

黃繩祖

當效傅介子張騫立功異域以取封侯安能久事筆研間乎超行詣相者曰祭酒布衣諸生爾而當封侯萬里之外超問其狀相者曰生燕頷虎頸飛而食肉此萬里侯相也永平中竇固擊匈奴超為假司馬將兵別擊伊吾戰於蒲類海多斬首虜固又遣與從事郭恂俱使西域鄯善王廣禮敬甚備後更疎懈超謂其官屬曰寧覺廣志意薄乎此必有匈奴使來也召侍胡詐之曰匈奴使來數日安在侍胡具服超悉會其吏士三十六人酒酣激怒曰不探虎穴不得虎子當今之計獨有因夜以

火攻虜使彼不知我多少必大驚怖可殄盡鄯善破膽功成事立也衆曰善遂將吏士往奔虜營超手格殺三人斬得匈奴使屋類帶副使比離支首及節明日乃還告郭恂恂大驚既而色動超知其意舉手曰掾雖不行班超何心獨擅之乎恂乃悅鄯善一國驚怖竇固具上超功并求更選使使西域帝壯超詔固曰吏若班超何故不遣而選乎今以超為假司馬令遂前功固欲益其兵超曰願得本所從三十餘人足以備有餘多益為重累超至西域于闐王廣德禮意甚踈其俗信巫巫言神

書效傅介子張騫立功異域以取封侯安能久事筆研間乎超行詣相者曰祭酒布衣諸生耳而當封侯萬里之外超問其狀相者曰生燕頷虎頸飛而食肉此萬里侯相也永平中竇固擊匈奴以超為假司馬將兵別擊伊吾戰於蒲類海多斬首虜固以遣與從事郭恂俱使西域鄯善王廣禮敬甚備後更疏懈超謂其官屬曰寧覺廣禮意薄乎此必有匈奴使來也召侍胡詐之曰匈奴使來數日安在侍胡具服超悉會其吏士三十六人酒酣激怒曰不探虎穴不得虎子當今之計獨有因夜以

火攻虜使彼不知我多少必大震怖可殄盡鄯善破膽功成事立也眾曰善遂將吏士往奔虜營超手格殺三人斬得匈奴使屋賴帶副使比離支首及節明日乃還告郭恂恂大驚既而色動超知其意舉手曰掾雖不行班超何心獨擅之乎恂乃悅鄯善一國震怖固具上超功并求更選使使西域帝壯超詔固曰吏若班超何故不遣而選乎今以超為假司馬令遂前功固欲益其兵超曰願得本所從三十餘人足以備有餘多益為重遂超西域于闐王廣德禮意甚疏其俗信巫巫言神

黃綸植

案陸文

黃繩祖

言神怒何故向漢漢使有騧馬急求取以祠我廣德就超請馬超許之而令巫自來取馬有頃巫至超即斬其首送廣德因辭讓之超曰臣乘聖漢威神出萬死之志冀立鉛刀一割之用案范書本傳章帝建初三年超既服疏勒于闐欲因此叵平諸國乃上疏請兵此其疏中語前後文闕

建初八年稱超為將兵長史假鼓吹黃麾超討焉耆焉耆王廣遣其左將北鞬支奉迎超賜而遣焉耆國有葦橋之險廣乃絕橋不欲令漢軍入國超更從他道渡超定西域五十餘國乃以漢中郡南鄭之西鄉戶千封超為定遠侯超自以久在絕域年老思

土上疏曰臣常恐年衰奄忽僵仆不敢望到酒泉郡但願生入玉門關安息遣使獻大爵師子超遣子勇隨入塞超為都護以任尚代超尚謂超曰君在外國三十餘年而小人猥承君後宜有以誨之超曰塞外吏士本非孝子順孫皆以罪過徙補邊而蠻夷懷鳥獸之心難禁易敗今君性嚴急水清無大魚察政不得下和宜陽為簡而寬小過總大綱而已超在西域三十一歲還洛陽拜射聲校尉

班始

二案字俱陰文

案陰文

案陰文

黃繩祖

班始（案始超長子雄子）尚陰城公主名賢得（案范書班超傳始尚清河孝王女陰城公）

（賢得司馬書五行志作堅得）

鄭興

鄭興（案范書興傳興字少贛河南開封人）從博士金子嚴為左氏春秋

鄭衆

鄭衆字仲師（案衆興子）建武中太子及山陽王因虎賁中郎將梁松請衆欲為通籍遺縑帛衆悉不受謂松曰太子儲君無外交義漢有舊防諸王不宜通客松風以長者難逆不可不慮衆曰犯禁觸罪不如守正而死盧江獻

案陰文

鼎詔召鄭衆問齊桓公之鼎在柏寢臺見何書春秋左氏有鼎事幾衆對狀除郎中永平中北匈奴遣使求和親上遣衆持節使匈奴衆素剛烈至北庭虜欲令拜衆不為屈單于大怒圍守閉之不與水火欲脅服衆衆拔刀自誓單于恐而止復遣衆使北匈奴衆因上書言臣前奉使不為匈奴拜單于恚怒放兵圍臣今臣銜命必見陵折臣恐不忍將大漢節對氊裘獨拜如令匈奴遂能服臣將有損大漢之强上不聽衆不得已既行後果為匈奴所殺（案范書衆傳衆在路連上書詔追還繫廷尉會赦歸家後為軍司馬仕至大司農此

班始[illegible]尚陰城公主名賢得[illegible]

五行[illegible]

鄭興

鄭興[illegible]河南開封人從博士金子嚴為左氏春秋

鄭衆

鄭衆字仲師[illegible]建武中太子及山陽王因虎賁中郎

將梁松請衆欲為通籍遺縑帛衆不受謂松曰太子

儲君無外交義漢有舊防諸王不宜通客松風以長者

難逆不可不慮衆曰犯禁觸罪不如守正而死盧江獻

東觀漢記　卷十六　四

鼎詔召鄭衆問齊桓公之鼎在柏寢臺見何書春秋左

氏有鼎事幾衆對狀除郎中永平中北匈奴遣使求和

親上遣衆持節使匈奴衆素剛烈至北庭虜欲令拜衆

不為屈單于大怒圍守閉之不與水火欲脅服衆衆拔

刀自誓單于恐而止復遣衆使北匈奴衆因上書言臣

前奉使不為匈奴拜單于恚恨故遣兵圍臣今臣銜命必

見陵折臣誠不忍將大漢節對氈裘獨拜如令匈奴遂

能服臣將有損大漢之強上不聽衆不得已既行後果

為匈奴所殺[illegible]

案隱文

二案字俱隱文

疑 文誤

范升

范升（案范書升傳升字辯卿代郡人）遷博士每有大議輒見訪問

陳元

陳元（案范書元傳元字長孫蒼梧廣信人）上疏曰抉瑕擿釁掩其弘美（案范書元傳元習左氏春秋建武初議立左氏傳博士范升奏不宜立元上疏辯之此其疏語前後文闕）光武興立左氏而桓譚衛宏並共毀訾故中道而廢

桓榮

桓榮字春卿沛國人也本齊桓公後桓公作伯支庶用

其謚立族命氏焉榮少勤學講論不怠治歐陽尚書事九江朱文剛窮極師道貧窶無資常客傭以自給精力不倦十五年不窺家拜議郎授皇太子經每朝會輒令榮於公卿前敷奏經書帝稱善曰得卿幾晚歐陽尚書博士缺上欲用榮榮叩頭讓曰臣經術淺薄不如同門生郎中彭閎揚州從事皐弘帝曰俞往汝諧因拜榮為博士引閎為議郎（案范書榮傳引閎弘俱為議郎與此稍異）車駕幸太學會諸博士論難於前榮被服儒衣溫恭有蘊藉明經義每以禮讓相厭不以辭長勝人儒者莫之及特為加賞賜又

黃繩祖

說文錄

范升（字辯卿，代郡人。范書升傳）遷博士每有大議輒見訪問

范升

陳元

陳元（字長孫，蒼梧廣信人。范書陳元傳）上疏曰抉瑕擿釁掩其弘美

興立左氏而桓譚衛宏並共毀訾故中道而廢

桓榮

桓榮字春卿沛國人也本齊桓公後桓公作伯支庶用

東觀漢記　卷十六　五

其謚立族命氏焉榮少勤學講論不怠治歐陽尚書事

九江朱文剛窮極師道貧窶無資常客傭以自給精力不

倦十五年不窺家拜議郎授皇太子經每朝會輒令榮

於公卿前敷奏經書帝稱善曰得卿幾晚會歐陽博

士缺上欲用榮榮叩頭讓曰臣經術淺薄不如同門生

郎中彭閎揚州從事皋弘帝曰俞往汝諧因拜榮為博

士引閎為議郎[illegible]車駕幸太學會諸

博士論難於前榮被服儒衣溫恭有蘊藉明經義每以

禮讓相厭不以辭長勝人儒者莫之及特加賞賜又

案陸文

黃繩祖

詔諸生雅吹擊磬盡日乃罷後入會庭中詔賜奇果受者懷之榮獨舉手奉以拜帝笑指之曰此真儒生也愈見敬厚榮嘗寢病太子朝夕遣中人問疾賜以帷帳奴婢曰如有不諱無憂家室也後病愈入復侍講太子報榮書曰君慎疾加餐重愛玉體案范書榮傳以太子經學成畢上疏歸道故太子報書建武二十八年以榮為少傅賜以輜車乘馬榮大會諸生陳車馬印綬曰今日所蒙稽古之力也可不勉乎初榮遭倉卒困厄時嘗與族人桓元卿俱捃拾投閒輒誦詩元卿謂榮曰卿但盡氣爾當安復施用時乎榮

笑而不應後榮為太常元卿來候榮榮諸弟子謂曰平生笑君盡氣今何如元卿曰我農民安能預知如此顯宗即位尊榮以師禮嘗幸太常府令榮坐東面設几杖會百官驃騎將軍東平王蒼以下榮門生數百人天子親自執業時執經生避位發難上輒謙曰太師在是既罷悉以太官供具賜太常家其恩禮如此永平二年辟雍初成拜榮為五更每大射養老禮畢上輒引榮及弟子升堂執經自為辯說詔曰五更沛國桓榮以尚書授朕十有餘年詩云日就月將示我顯德行其賜爵關內

榮[illegible]文

詔諸生雅吹擊磬盡日乃罷後入會庭中詔賜奇果受
者懷之榮獨舉手奉以拜帝笑指之曰此真儒生也愈
見識優榮嘗寢病太子朝夕遣中人問疾賜以帷帳奴
婢曰如有不諱無憂家室也後病愈入復侍講太子報
榮書曰君慎疾加餐重愛玉體（書經說學書故[illegible]畢上傳論議以歸太造子故大執書兮）
建武二十八年以榮為少傅賜以輜車乘馬榮大
會諸生陳車馬印綬曰今日所蒙稽古之力也可不勉
乎初榮遭倉卒困厄時嘗與族人桓元卿俱捃拾投閒
輒誦詩元卿謂榮曰卿但盡氣爾當安復施用時乎榮

東觀漢記　卷十六　六

笑而不應後榮為太常元卿來候榮榮諸弟子謂曰平
生笑君盡氣今何如元卿曰我農民安能預知如此顛
宗即位尊榮以師禮嘗幸太常府令榮坐東面設几杖
會百官驃騎將軍東平王蒼以下榮門生數百人天子
親自執業時執經生避位發難上輒謙曰太師在是既
罷悉以太官供具賜太常家其恩禮如此永平二年辟
雍初成拜榮為五更每大射養老禮畢上輒引榮及弟
子升堂執經自為辯說詔曰五更沛國桓榮以尚書授
朕十有餘年詩云日就月將示我顯德行其賜以爵關內

黃縣桓

紫陰文

黃繩祖

侯食邑五百户後以五更祿終厥身子郁以明經復為太常（案范書郁傳郁字仲恩）

桓郁

桓榮卒子郁當襲爵讓於兄子（案范書郁傳郁字仲恩兄子名汎）顯宗不許不得已受封而悉以租入與之上以郁先師子有禮讓甚見親厚郁以永平十四年為議郎遷侍中上自制五家要説章句令郁校定於宣明殿上謂郁曰卿經及先師致復文雅其冬上親於辟雍自講所制五行章句已復令郁説一篇上謂郁曰我為孔子卿為子夏起予者

商也又問郁曰子幾人能傳學郁曰臣子皆未能傳學孤兄子一人學方起上曰努力教之有起者即白之皇太子賜郁鞍馬刀劍郁乃上疏皇太子曰伏見太子體性自然包含今古謙謙允恭天下共見郁父子受恩無以明益夙夜慙懼誠思自竭愚以為太子上當合聖心下當卓絕於衆宜思遠慮以先朝廷永元二年西謁園陵郁兼羽林中郎將上賜馬二匹并鞍勒防汗

桓焉

桓焉（案焉郁第三子范書焉傳焉字叔元）為太子太傅以母憂自乞聽以

紫陰文

黃繩祖

大夫行喪踰年詔使賜牛酒奪服即拜光祿大夫遷太常

案隆文

桓鸞

桓鸞（案鸞焉弟良子范書鸞傳鸞字始春）文良龍舒侯相鸞貞亮之性著乎幼沖學覽六經莫不貫綜推財孤寡分賄友朋泰於待賢狹於養己常著大布緼袍糲食麤餐除陳留己吾長旬月閒遷河內汲令

案隆文

桓典

桓典字公雅（案典焉仲子順子）舉孝廉為郎中居無幾相王吉以罪被誅故人親戚莫敢至者典獨棄官收斂歸葬服喪三年為立祠堂盡禮而去為御史是時宦者執政典無迴避常乘驄馬京師畏憚為之語曰行行且止避驄馬御史

案隆文

桓礹

桓礹一名曄字文林（案礹鸞子）尤修志介一餐不受於人不應辟命初平中天下亂礹到吳郡揚州刺史劉繇振給穀食衣服所乏者悉不受後東適會稽住止山陰縣故魯相鍾離意舍太守王朗餉給糧食布帛牛羊一無所

入夫行要諭年語使賜牛酒衣服印綬光祿大夫還太

常

桓鸞

桓鸞（范書[illegible]鸞字始春[illegible]）父良龍舒侯相鸞貞亮之[illegible][illegible]

年幼沖學覽六經莫不貫綜推財孤寡分賄友朋奉公

持[illegible][illegible]於善己常著大布縕袍糲食[illegible][illegible]除陳留己吾

長[illegible][illegible]聞還河內汲令

桓典

桓典字公雅（[illegible]順典[illegible][illegible]仲）舉孝廉為郎中居無幾相王吉

東觀漢記　卷十六　八

以罪被誅故人親戚莫敢至者典獨棄官收斂歸葬服

喪三年為立祠堂盡禮而去為御史是時宦者秉權典執

政無迴避常乘驄馬京師畏憚為之語曰行行且止避驄

馬御史

桓曄

桓曄一名嚴字文林（范書）子曄尤修志介一餐不受於人不

應辟命初平中天下亂避到吳郡揚州刺史劉繇振給

穀食衣服所乏者悉不受後東適會稽住止山陰縣故

魯相鍾離意舍太守王朗餉給糧食布帛牛羊一無所

黃維祖

黃繩祖

留臨去之際屋中尺寸之物悉疏付主人纖微不漏移居揚州從屈豫室中中庭橘樹一株遇實熟乃以竹藩樹四面風吹落兩實以繩繫著樹杖（枝）每當危亡之急其志彌固賓客從者皆肅其行也

張佚

建武二十八年大會百官詔問誰可傳太子者羣臣承意皆言太子舅執金吾陰識可博士張佚正色曰今陛下立太子為陰氏乎為天下乎即為陰氏則陰侯可為天下則固宜用天下之賢才上稱善曰欲置傳者以輔

太子今博士不難正朕況太子乎即拜為太子太傅

桓譚

桓譚字君山沛人少好學徧治五經能文有絕才而喜非毀俗儒由是多見排詆哀平間位不過郎光武即位拜議郎譚上書曰富商大賈多收田貨中家子為之保役受計上疏趨走俯伏譬若臣僕坐而分利又賈人多通侈靡之物羅紈綺繡雜綵玩好以淫人耳目而竭盡其財是為下樹奢媒而置貧本也求人之儉約富足何可得乎夫俗難卒變而人不可暴化宜

道臨去之際屋中尺寸之物悉疏付主人纖微不漏拾
居場川從風穢室中中庭橋樹一林過實執乃以竹籬
樹四面風吹落而實以繩縈著樹林每當危亡之急其
志彌固賓客從者皆肅其行也

張佚

建武二十八年大會百官詔問誰可傅太子者群臣承意皆言太子舅執金吾陰識可博士張佚正色曰今陛下立太子為陰氏乎為天下乎即為陰氏則陰侯可為天下則固宜用天下之賢才上稱善曰欲置傅者以輔

東觀漢記　卷十六　九

太子今博士不難正朕況太子乎即拜為太子太傅

桓譚

桓譚字君山沛人少好學遍治五經能文有絕才而喜非毀俗儒由是多見排詆哀平間位不過郎光武即位拜議郎譚上書曰富商大賈多收田貨中家子為之保役受計上疏趨走俯伏譬若臣僕而分利又賈人多通侈靡之物羅紈綺繡雜綵玩好以淫人耳目而竭盡其財是為下樹奢媒而置貧本也求人之儉約富足何可得乎夫俗難卒變而人不可暴化宜

案陰文

案陰文

黄繩祖

抑其路使之稍自衰焉矯稱孔子為讖記以誤人主（案范書譚傳時帝方信讖譚上疏爭之此二句即疏中指斥讖記語前後文闕）譚譏訕圖讖有詔會議靈臺所處上謂[illegible]譚曰吾欲以讖決之何如譚默然良久對曰臣生不讀讖上問其故譚復極言讖之非經上大怒曰桓譚非聖無法將下斬之譚叩頭流血良久乃得解由是失旨遂不復轉遷出為六安郡丞之官意忽忽不樂道病卒時年七十餘譚著書言當世行事號曰新論光武讀之敕言卷大令皆別為上下凡二十九篇惟琴道未畢但有發首一章章帝元和中行巡狩至沛令使者祠譚家鄉里甚榮之

東觀漢記　卷十六　十

劉昆

劉昆字桓公（案范書昆傳昆陳留東昏人）少治施氏易篤志經學教授弟子常五百餘人每春秋享射常備列典儀以素木刳瓠葉為俎豆為光祿勳授皇太子及諸王小侯五十人經昆老退位以二千石祿終其身

劉軼

劉軼字君文（案佚昆子）永平中以中庶子入侍講

洼丹

抑其路徑之精自東西諸稱孔子為讖記以誤人主

此書[illegible]讖記圖讖有詔會

議靈臺所處上謂譚曰吾欲以讖決之何如譚默然

良久對曰臣生不讀讖上問其故譚復極言讖之非經

上大怒曰桓譚非聖無法將下斬之譚叩頭流血良久

乃得解由是失旨遂不復轉遷出為六安郡丞之官意

忽忽不樂道病卒時年七十餘譚著書言當世行事號

曰新論光武讀之敕言卷大合旨別為上下凡二十九

篇準琴道未畢但有發首一章章帝元和中行巡狩至

沛令使者祠譚冢鄉里甚榮之

東觀漢記　卷十六　十

劉昆

劉昆字桓公 陳留東昏人 見范書儒林傳 少治施氏易經學教

授弟子常五百餘人每春秋享射常備列典儀以素木

瓠葉為俎豆為光祿勳教皇太子及諸王小侯五十

人經見光武追位以二千石祿終其身

劉軼

劉軼字君文 見昆子傳 永平中以中庶子入侍講

洼丹

黃[illegible]祖

案陸文

案陸文

案陸文

洼丹字子玉案范書丹傳丹南陽育陽人世傳孟氏易作通論七篇黃繩祖世重之號洼君通論

戴憑

戴憑字次仲案范書憑傳憑汝南平輿人為侍中數進見問得失上謂憑曰侍中當匡輔國政勿有隱情憑對曰陛下嚴曰朕何用嚴憑曰伏見前太尉西曹掾蔣遵清亮忠孝學通古今陛下納膚受之愬遂至禁錮世以是為嚴上怒曰汝南子欲復黨乎憑出自繫廷尉詔引見憑謝曰臣無謇諤之節而有狂瞽之言不能以尸伏諫偷生苟活

誠慚聖朝上即敕尚書解遵禁錮拜憑虎賁中郎將以侍中兼領之正旦朝賀百僚畢會上令羣臣能說經者更相難詰義有不通輒奪其席以益通者憑遂重坐五十餘席故京師為之語曰解經不窮戴侍中

牟長

牟長字君高案范書長傳長樂安臨濟人少篤學治歐陽尚書諸生著録前後萬人建武十四年徵為中散大夫拜少府詔曰少府大儒不失法度其見優如此

尹敏

丑敬

曰少府大儒不朱法度其見優如此

著錄前字君高入建武十四年職為中散大夫拜少府諸生

年長字君高 樂國安定臨晉 入傳 少賓學治歐陽尚書諸生

年長

十餘歲故京師為之語曰解經不窮戴侍中

更相難詰義有不通輒奪其席以益通者遂重坐五

十餘席

侍中東朝正旦朝賀百僚畢會上令群臣能說經者

誠徹聖朝上問以尚書解遺無師拜為虎賁中郎將以

東觀漢記 卷十六 十一

無塞諮之節而有狂瞽之言不能以尸伏諫偷生苟活

曰汝南子欲復黨乎遂出自繫廷尉詔引見遂解曰臣

通古今陛下納之號曰遂至出禁錮世以是為嚴光毖學

朕何用嚴中興大臣鮮有西曹掾謝遵是清亮上嘉曰

謂遵曰吾仲當圉輔國政入勿有隱情遵對曰陛下得卅

戴遵字次仲 汝南 平輿人傳 為侍中數進見問得失上

戴遵

世重之號通儒

違并字子玉 南陽 人傳 世傳五九篇作通論七篇

黃編祖

案陸文

案陸文

案陸文

黃繩祖

尹敏字幼季案范書本〔敏〕傳敏南陽堵陽人拜郎中辟大司空府上以敏博通經記令校圖讖敏對曰讖書非聖人所作其中多近鄙别字頗類世俗之辭恐疑誤後生還長陵令永平五年詔書捕男子周慮慮素有名字與敏善過候敏坐繫免官出乃歎曰瘖聾之徒真世之有道者也何謂察察而遇斯禍也敏與班彪親善每相遇與談常日旰忘食案太平御覽作對案晝即至暝夜則達旦彪曰相與久語為俗人所怪然鍾子朗死伯牙破琴曷為陶陶哉

高詡

東觀漢記 卷十六 十二

高詡字季回案范書本〔詡〕傳詡平原般人以儒學徵拜大司農在朝以清白方正稱

丁恭

上封功臣皆為列侯大國四縣縣各有差博士丁恭等議曰案范書本〔恭〕傳恭字子然山陽東緡人古帝王封諸侯不過百里故利以建侯取法於雷強榦弱枝所以為治也今封諸侯四縣不合法制上曰古之亡國皆以無道未嘗聞功臣地多而滅亡者乃遣謁者即授印綬

甄宇

尹敏字幼季南[圖]陽堵陽人[從書][陽林][入傳]拜郎中辟大司空府上以

敏博通經記令校圖讖敏對曰讖書非聖人所作其中

多近鄙別字頗類世俗之辭恐疑誤後生遂蒙赦令永

平五年詔書捕男子周慮慮素有名字與敏善過候敏

坐繫免官出乃歎曰喑聾之徒真世之有道者也何謂

察察而遇斯禍也敏與班彪親善每相遇與談常日旰

忘食[illegible]晝即至暝夜則達旦彪曰相與久語為

俗人所怪然鍾子期死伯牙破琴[illegible]為[illegible][illegible]故

高詡

東觀漢記卷十六　十二

高詡字季回[圖][手從][原書][殘缺][入傳]以儒學徵拜大司農在朝以

清白方正稱

丁恭

上封功臣皆為列侯大國四縣縣各有差博士丁恭等

[圖][從][山書][陽林][東傳][緡恭][入字]議曰古帝王封諸侯不過百里故利

以建侯取法於雷強幹弱枝所以為治也今封諸侯四

縣不合法制上曰古之亡國皆以無道未嘗聞功臣地

多而滅亡者乃遣謁者即授印綬

[illegible]字

黃[illegible]祖

黃繩祖

甄宇字長文北海人治嚴氏春秋持學精微以白衣教授常數百人建武中為青州從事徵拜博士每臘詔賜博士羊人一頭羊有大小肥瘦時博士祭酒議欲殺羊稱分其肉宇曰不可又欲投鉤宇復恥之宇因先自取其最瘦者由是不復有爭訟後召會詔問瘦羊甄博士京師因以稱之拜太子少傅清淨少欲常稱老氏知足之分也宇傳子普普傳子承周澤董魯平叔叔子軼並以儒學拜議郎也

棠陰文

張玄

張玄字君夏（范書玄傳玄河內河陽人）欲專意經書方其講問乃不食終日忽然如不饑渴為博士其學兼通數家

棠陰文

李躬

三老常山李躬年耆學明以二千石祿養終身（此明帝永平二年詔文躬范書無傳）

棠陰文
棠陰文

蘇竟

蘇竟（范書竟傳竟字伯況扶風平陵人）與劉歆兄子恭書曰前世以磨研編簡之才與國右史公從事出入者惟硯也（范書竟傳作走昔以磨研編削之才與國師公從事出入蓋歆於莽時為國師此文國右史公即國師公之誤末者惟硯也）

案隆文

案隆文

案隆文

黃繩祖

四字當是後人妄增

丁邯

丁邯 案劉昭司馬書注引趙岐三輔決錄注云邯字叔春京兆陽陵人 高節正直不撓舉為孝廉

温序

温序字次房 案范書序傳序太原祁人 為護羌校尉行部為隗囂别將苟宇所拘劫宇謂序曰子若與我并威同力天下可圖也序素有氣力大怒叱宇等曰虜何敢迫脅漢將因以節檛殺數人賊衆爭欲殺之宇止曰此義士也可賜

東觀漢記　卷十六　十四

以劍序受劍銜鬚於口顧左右曰既為賊所迫殺無令鬚汚土遂伏劍而死

周嘉

周嘉 案范書嘉傳嘉字惠文汝南安城人 仕郡為主簿王莽末羣賊入汝陽城嘉從太守何敞討賊敞為流矢所中賊圍繞數十重嘉乃擁敞以身扞之呵賊曰卿曹皆人隸也為賊既逆豈有還害其君者耶嘉請以死贖君命因仰天號泣羣賊於是相視曰此義士也給車馬遣送之為零陵太守視事七年卒零陵頌其遺愛吏民為立祠焉

○○劉茂

○○劉茂

守視事七年卒零陵頌其遺愛吏民為立祠焉

羣賊於是相視曰此義士也給車馬遣送之為索[illegible]太

逆豈有還害其君者耶嘉請以死贖君命因仰天號泣

重嘉乃擁敞以身扞之呵賊曰卿曹皆人隸也為賊既

陽城嘉從太守何敞討賊敞為流矢所中賊圍繞數十

周嘉（字）惠文（范書周嘉傳）汝南安城人也仕郡為主簿王莽末羣賊入汝

周嘉

鬚污土遂伏劍而死

以劍序受劍銜鬚於口顧左右曰既為賊所迫殺無令

東觀漢記　卷十六　十四

以節撾殺數人賊衆爭欲殺之宇止曰此義士也可賜

圖也序素有氣力大怒叱宇等曰虜何敢迫脅漢將因

將苟宇所拘劫宇謂序曰子若與我并威同力天下可

溫序字次房太原祁人也為護羌校尉行部至襄武為隗囂別

溫序

直不撓舉為孝廉

丁邯（東觀記）字叔春京兆陽陵人也高節正

丁邯

[illegible]

黃[illegible]恒

案陸文

黃繩祖

劉茂

劉茂字子衛（案范書茂傳太原晉陽人）茂為郡門下掾赤眉攻太原茂負太守孫福踰牆出藏城西門下空穴中擔穀給福及妻子百餘日福表為議郎

索盧放

索盧放字君陽東郡人署門下掾更始時使者督行郡國太守有事當斬放前對曰今天下苦王氏之虐政戴仰漢德傳車所過未聞恩澤而斬郡守恐天下惶懼各自疑也使有功不如使有過遂解衣而前願代太守斬使者義而赦之由是顯名

朱勃

朱勃字叔陽扶風平陵人年十二能誦詩書嘗候馬援兄況勃衣方領能矩步辭言嫻雅援裁知書見之自失況知其意乃自酌酒慰援曰朱勃小器速成智盡此耳卒當從汝稟學勿畏勃未二十右扶風請試守渭城宰及援為將軍封侯而勃位不過縣令援後貴常待以舊恩而卑侮之勃卒自親及援遇讒惟勃能終焉勃上書理援曰車駕討隗囂豪彊略城酋長殺吏惟獨狄道為

劉攽

劉攽字子衡太原晉陽人傳攽為都門下掾亦有攻太原

攽貢太守孫福師儒出擊城西門下空穴中擔鼓給福

及妻子百餘口福來為議郎

憲盧放

憲盧放等合謀東郡入番門下掾史始時使者督行部

國太守有事當斬放前對曰今天下苦王氏之篡政

仰漢德傳車所過未聞恩澤而斬郡守恐天下惶懼合

包藏也使有功不如使有過遂解放而前願代太守斬

東觀漢記

卷十六　　十五

使者義而赦之由是顯名

朱勃

朱勃字叔陽扶風平陵人年十二能誦詩書嘗候馬援

兄況勃衣方領能矩步辭言嫻雅援裁知書見之自失

況知其意乃自酌酒慰援曰朱勃小器速成智盡此耳

卒當從汝稟學勿畏勃未二十右扶風請試守渭城宰

及援為將軍封侯而勃位不過縣令援後雖貴常待以舊

恩而卑侮之勃愈身自親及援遇讒唯勃能終焉勃上書

理援曰車騎討[illegible]賞畫[illegible]略城[illegible]奏[illegible]道路

黃錦祖

案陰文

黃繩祖

國堅守士民饑饉煮履哎弩寄命漏刻援謀如涌泉勢如轉圜（規）救倒懸之急存幾亡之城飛鳥跱衡馬驚觸虎物類相生亦無不有章帝下詔曰告平陵令丞縣人故雲陽令朱勃建武中以伏波將軍爵土不傳上書陳狀不顧罪戾懷旌善之志有烈士之風詩云無言不讎無德不報其以縣見穀二千石賜勃子若孫勿令遠詣闕謝

樊顯

上嘗召見諸郡計吏問其風土及前後守令能否蜀郡計掾樊顯進曰漁陽太守張堪昔在蜀其仁以惠下威能討姦前公孫述破時珍寶山積捲握之物足富十世而堪去職之日乘折轅車布被囊而已上聞歎息以顯陳堪行有效即除漁陽令（案范書張堪傳作拜顯為魚復長）

楊正

楊正為京兆功曹光武崩京兆尹出西域賈胡共起帷帳設祭尹車過帳賈牽車令拜尹疑止車正在前導曰禮天子不食支庶況夷乎敕壞祭乃去（案范書不載）

崔篆

國[illegible][illegible]士民饑饉者[illegible][illegible]苦寄命漏刻設謀如涌泉勢
如轉圓救倒懸之急存幾亡之城飛鳥跱衡馬驚觸虎
物類相生亦無不有章帝下詔曰告平陵令丞縣人故
雲陽令朱勃建武中以伏波將軍爵土不傳上書陳狀
不顧罪戾懷旌善之志有烈士之風詩云無言不讎無
德不報其以縣見穀二千石賜勃子若孫勿令遠詣闕
謝

樊顯

上嘗召見諸郡計吏問其風土及前後守令能否蜀郡

東觀漢記卷十六　十六

計掾樊顯進曰漁陽太守張堪昔在蜀其仁以惠下威
能討姦前公孫述破時珍寶山積捲握之物足富十世
而堪去職之日乘折轅車布被囊而已上聞歎息以顯
陳堪行有效即除漁陽令

楊正

楊正為京兆功曹光武崩京兆尹出西域賈胡共起帷
帳設祭尹車過帳賈牽車令拜尹疑止車正在前導曰
禮天子不食支庶況夷狄乎敕壞祭乃去

崔纂

黄鑑祖

黃繩祖

兄弟獨守家廬弟季出遇赤眉賊將為餔琳自縛請先季死賊矜而放

蔡順

蔡順字君仲汝南人至孝王莽亂人相食順取桑椹赤黑異器賊問所以云黑與母赤自食賊異之遺鹽二斗受而不食

李業

公孫述欲徵李業（范書業傳業字巨游廣漢梓潼人）業固不起乃遣人持鴆不起便賜藥業乃飲鴆而死

東觀漢記　卷十六　十九

逢萌

逢萌字子慶北海人少有大節志意抗厲家貧給事為縣亭長尉過迎拜問事微久尉去舉拳撾地歎曰大丈夫安能為人役耶遂去學問王莽居攝子宇諫莽而莽殺之（案琳按前漢書王莽傳宇死在平帝元始三年時莽尚為安漢公未居攝此文舛誤）萌謂其友人曰三綱絕矣不去禍將及人解冠挂東都城門歸將家浮海客於遼東萌素明陰陽知莽將敗乃首戴甕器哭於市曰辛乎辛乎遂潛藏不見隱琅邪不勞山非禮不動聚落化之北海太守遣使奉謁萌不諾太守遣

案陸文

案陸文

吏捕之民相率以石撾吏皆流血奔走蒴被徵上道迷不知東西云朝所徵我者為聰明睿智有益於政方面不知安能濟政即駕而歸

王霸

王霸（案范書霸傳霸字儒仲太原廣武人）建武初連徵不至安貧賤居茅屋蓬户藜藿不厭然樂道不怠以壽終

嚴光

嚴光字子陵（案范書光傳光一名遵會稽餘姚人）耕於富春山後人名其釣處為嚴陵瀨

閔貢

閔貢字仲叔太原人也恬靜養神弗役於物與周黨相友黨每過貢共啜菽飲水無菜茹黨嘗遺貢生麻貢歎曰我欲省煩耳受而不食司徒侯霸辟貢到與相見勞問之下不及政事貢曰被明公辟且喜且懼及奉見明公喜懼皆去所望明公問屬何以為政美俗成化以貢為不足耶不當辟也如以為任用而不使臣之則為失人是以喜懼皆去便辭而出客居安邑老病家貧不能得錢買肉日買一片猪肝屠或不肯為斷安邑令候之

黃繩祖

吏捕之民相率以石擲吏皆流血奔走詔書徵上道

不知東西云何所徵我者為誰則齊[illegible]有益於政方面

不知安能齊政即起而歸

王霸

王霸[illegible]太原廣武人[illegible]連徵不至[illegible]

茅屋蓬戶藜藿不厭[illegible]樂道不宦以壽終

嚴光

嚴光字子陵[會稽餘姚人][illegible]耕於富春山後人名其

釣處為嚴陵瀨

閔貢

閔貢字仲叔太原人也恬靜養神弗役於物與周黨相友黨每過貢共啖菽飲水無菜茹黨嘗遺貢生麻貢歎曰欲省煩耳受而不食司徒侯霸辟貢到與相見勞問之下不及政事貢曰始明公辟且喜且懼及奉見明公喜懼皆去所望明公問屬何以為政美俗成化以責為不足邪不當辟也如以為任用而不使由之則為失人是以喜懼皆去便辭而出客居安邑老病家貧不能得錢買肉日買一片豬肝屠或不肯為斷安邑令候之

案陸文

黃繩祖

問諸子何飯食對曰但食豬肝屠者或不肯與令出敕市吏後買輒得責怪問其子道狀如此乃歎曰閔仲叔豈以口腹累安邑耶遂去之沛

周黨

周黨字伯況太原人鄉佐發黨徭道於人中辱之黨學春秋長安聞復讎之義輒講下辭歸到與鄉佐相聞期鬬日鄉佐多從兵往使鄉佐先拔刀然後與相擊鄉佐服其義勇建武中徵黨著短布單衣穀皮幓頭待見尚書欲令更服黨曰朝廷本以是故徵之安可復更遂以

見自陳願守所志上聽之博士范升奏曰伏見太原周黨東海王良山陽王成使者三到乃肯就車脫衣解履升於華轂陛見帝廷偃蹇傲慢逡巡進退臣願與並論雲臺之下

井丹

井丹字大春（案范書丹傳丹扶風郿人）通五經時人為之語曰五經紛綸井大春

耿嵩

耿嵩字文都鉅鹿人履清高之節齔童介然特立不隨

問諸子何飯食對曰但食猪肝屠者或不肯與令出敕市吏後買輒得貴怪問其子道狀如此乃歎曰閔仲叔豈以口腹累安邑邪遂去之沛

周黨

周黨字伯況太原人鄉佐發黨徭道於人中辱之黨學春秋長安聞復讎之義輟講下辭歸到與鄉佐相聞期鬬日鄉佐多從兵往使鄉佐先拔刀然後與相擊鄉佐服其義惠建武中徵黨著短布單衣穀皮綃頭待見尚書欲令更服黨曰朝廷本以是故徵之安可復更遂以

見自陳願守所志上聽之博士范升奏曰伏見太原周黨東海王良山陽王成使者三到乃肯就車及升於華殿陛見帝廷偃蹇傲慢逡巡進退臣願與並論

嵩臺之下

井丹

井丹字大春（井國林氏書風部引人傳）通五經時人為之語曰五經紛綸井大春

耿嵩

耿嵩字文都鉅鹿人履清高之節齠齔介特不適

黃[illegible]祖

黄繩祖

於俗鄉黨大人莫不敬異之王莽敗賊盜起宗族在兵中穀食貴人民相食宗家數百人升合分糧時嵩年十二三宗人少長咸共推之主廩給莫不稱平（案嵩范書不載）

東觀漢記卷十六

為佰鄉黨大人莫不敬畏之王莽敗盜賊起宗族在兵
中穀食貴人民相食宗家數百人升合分糧時嵩年十
二三宗人少長咸共推之主廩給其不精乎

黃鐘祖

東觀漢記卷十六

東觀漢記卷十七

列傳十二

虞延

虞延、字子大、陳留人、爲郡功曹、世祖聞而奇之、建武二十年、東巡路過小黄、高帝母昭靈后園陵在焉、時虞延爲郡督郵、詔呼引見、問園陵之事、延進止從容、瞻拜可觀、其園陵樹蘗、皆諳其數、俎豆犧牲、頗曉其禮、帝善之、敕延從駕到魯、還經封丘城門、門下小、不容羽蓋、上怒、使撻侍御史、延因下見引咎、以爲罪在督郵、上詔曰、以陳

留督郵虞延故、貸御史罪、賜延錢、及帶劍佩刀還郡、永平初、守新野、功曹鄧寅、（案范書本傳作鄧衍）以外戚小侯、每預朝會、而容止趨步、有出于衆、上目之、顧左右曰、朕之儀貌、豈若此人、特賜輿馬衣服、延以寅雖有容儀而無實行、未嘗加禮、上乃詔令自稱南陽功曹詣闕、拜郎中、遷玄武司馬、寅在職不服父喪、帝聞乃嘆曰、知人則哲、惟帝難之、信哉斯言、寅聞慙而退、

郭丹

郭丹、字少卿、南陽人、累世千石、父稚、爲丹買田宅居業、

東觀漢記卷十七

列傳十二

虞延

虞延字子大陳留人為部督郵世祖聞而奇之建武二十年東巡路過小黃高帝母昭靈后園陵在焉時延為部督郵詔呼引見問園陵之事延進止從容占拜可觀其園陵樹蘗皆諳其數俎豆犧牲頗曉其禮帝善之敕延從駕到魯還經封丘城門下小不容羽蓋上怒使撻侍御史延因下見引咎以為罪在督郵上詔曰以陳

留督郵虞延故貸御史罷賜延錢及帶劍佩刀還郡永平初守新野功曹鄧衍以外戚小侯每豫朝會而容止趨步有出於眾上目之顧左右曰朕之儀貌豈若此人特賜輿馬衣服延以衍雖有容儀而無實行未嘗加禮上乃詔令自稱南陽功曹詣闕拜郎中遷玄武司馬衍在職不服父喪帝聞乃嘆曰知人則哲惟帝難之信哉斯言衍聞慙而退

郭丹

郭丹字少卿南陽人累世千石父稚為丹買田宅居業

丹從師長安，從宛人陳洮買符入函谷關，既入關，封符乞人。乃慨然而歎曰：丹不乘使者車，不出此關。既至京師，常爲都講。更始二年，三公舉丹賢能，徵爲諫議大夫，持節使歸南陽，安集受降，自去家十二年，果乘高車出關，如其志。馬，爲更始諫議大夫，持節使南陽，安集受降，更始敗，諸將軍悉歸上，普賜封爵，丹無所歸節傳，以敝布纏裹節，晝伏夜行，求謁更始妻子，奉還節傳，因歸鄉里，爲郡功曹，薦陰亶、程胡、魯歆自代。太守杜詩曰：古者卿士讓位，今功曹稽古含經，可謂至德，編署黃堂，以爲後法。

曹以下至此從太平御覽纂

丹師事公孫昌，敬重，常待重編席，顯異之，爲司徒，在朝名清廉公正。永平五年，薨，詔問丹家時，宗正劉匡對曰：郭丹爲三公，典牧州郡，田畝不增。

周澤

周澤，字穉都，北海安丘人。少修高節，耿介特立，好學問，治嚴氏春秋，門徒數百人。隱居山野，不汲汲于時俗。建武十六年，辟大司馬府，署議曹祭酒，爲黽池令，奉公克已，妻子自親釜竈。拜太常，果敢直言，數有據爭，朝廷嘉其清廉。北地太守廖信貪污下獄，詔以信田宅奴婢錢

丹從師長安從宛人陳洮買符入函谷關既入關封符
乞人乃慨然而歎曰丹不乘使者車不出此關既至京
師常為都講更始二年三公舉丹賢能徵為諫議大夫
持節使歸南陽丹自去家十二年果乘高車出關如其志
馬[illegible]更始敗諸
將軍悉歸上音賜封爵丹無所歸節傳以微布纏裹節
晝伏夜行求謁更始妻子奉還節傳因歸鄉里為郡功
曹薦陰亶程胡魯歆自代太守杜詩曰古者卿士讓位
今功曹稽古經可謂至德編署黃堂以為後法

丹師事公孫昌敬重常待重編席顧異
公為司徒在朝名清廉公正永平五年薨詔問丹家時
宗正劉匡對曰郭丹為三公典牧州郡田畝不增

周澤

周澤字稺都北海安丘人少修高節耿介特立好學問
治嚴氏春秋門徒數百人隱居山野不汲汲于時俗建
武十六年辟大司馬府署議曹祭酒為恒況令奉公克
已妻子自親釜竈拜太常果敢直言數有據爭朝廷嘉
其清廉北地太守參信貪汙下獄詔以信田宅奴婢錢

財賜廉吏太常周澤、

牟融

牟融、字子優、（案：范書本傳、融北海安丘人、）遷大司農、性明達、居職修治、又善論議、朝廷稱為名卿、帝數嗟嘆、以為才堪宰相、

孫堪

孫堪、（案：范書本傳、堪字子穉、河南緱氏人、）為光祿勳、以清廉見稱、與周澤相類、

魏應

魏應、字君伯、任城人、拜五官中郎將、諸儒于白虎觀講論五經同異、使應專掌難問、

劉般

劉般、字伯興、彭城人、代名忠孝、兼屯騎校尉、（案：范書本傳、永平十年、徵般行執金吾事、明年、兼此職、）時五校尉官顯職閒、府寺寬敞、輿服光麗、伎巧畢給、故多以宗室肺腑居之、為太僕、在朝竭忠盡節、建初元年、拜為宗正、憂勤國事、夙夜不怠、數納嘉謀、

劉愷

劉愷、字伯豫、（案：愷、般長子、）以當襲父般爵、封居巢侯、讓與其

相類廣吏太常周澤。

牟融

牟融字子優（范書本傳。北海安丘人。）遷大司農，性明達，居職修治。又善論議，朝廷稱為名卿。帝數嗟歎，以為才堪宰相。

孫堪

孫堪（范書本傳。河南緱氏人。）堪字為光祿勳，以清廉見稱，與周澤相類。

魏應

魏應字君伯，任城人，拜五官中郎將，諸儒于白虎觀講論五經同異，使應專掌難問。

劉般

劉般字伯興，彭城人，代名忠孝，兼屯騎校尉（范書本傳。永平十年，徵般行執金吾事，明年，兼北軍）將五校尉官，顯職閑，府寺寬敞，輿服光麗，伎巧畢給，故多以宗室肺腑居之。為太僕，在朝竭忠盡節，建初元年，拜為宗正，憂勤國事，夙夜不怠，數納嘉謀。

劉愷

劉愷字伯豫（范子愷般）以當襲父般爵，封居巢侯，讓與其弟憲、遁逃避封、父之章、和中、有司奏請絕國、上美其義、特優嘉之、愷猶不出、有司復奏之、侍中賈逵上書曰、孔子稱能以禮讓為國、於從政乎何有、和帝納之、下詔曰、故居巢侯劉般嗣子愷、當襲父般爵、而稱父遺意、致國弟憲、遁亡七年、所守彌固、蓋王法崇善、成人之美、其聽憲嗣爵、乃徵愷拜為郎、稍遷侍中、愷之入朝、在位者莫不仰其風行、

郭賀

郭賀、字喬卿、洛陽人、為荊州刺史、百姓歌之曰、厥德文

明、治有殊政、顯宗巡狩、賜以三公之服、黻冕之旒、

吳良

吳良、字大儀、齊國人、習大夏侯尚書、為郡議曹掾、歲旦、與掾吏入賀、門下掾王望言曰、齊郡敗亂、遭離盜賊、人民饑餓、不聞雞鳴犬吠之音、明府視事五年、土地開闢、盜賊滅息、五穀豐熟、家給人足、今日歲首、請上雅壽、掾吏皆稱萬歲、良時跪曰、門下掾諂佞、明府勿受其觴、盜賊未盡、人庶困乏、不能家給人足、今良曹掾尚無袴、寧為家給人足耶、望曰、議曹惰窳自無袴、寧足為不家給

弟憲遁逃避封久之章和中有司奏請絕國上美其義特優假之愷猶不出有司復奏之侍中賈逵上書曰孔子稱能以禮讓為國於從政乎何有和帝納之下詔曰故居巢侯劉般嗣子愷當襲父般爵而稱父遺意致國弟憲遁亡七年所守彌固蓋王法崇善成人之美其聽憲嗣爵乃徵愷拜為郎稍遷侍中愷之入朝在位者莫不仰其風行

郭賀

郭賀字喬卿洛陽人為荊州刺史百姓歌之曰厥德文

明治有殊政顯宗巡狩賜以三公之服黻冕之旒

吳良

吳良字大儀齊國人習大夏侯尚書為郡議曹掾歲旦與掾吏入賀門下掾王望言曰齊郡敗亂遭離盜賊人民饑餓不聞雞鳴犬吠之音明府視事五年土地開闢盜賊減息五穀豐熟家給人足今日歲首請上雅壽掾吏皆稱萬歲良時跪曰門下掾諂佞明府勿受其觴盜賊未盡人庶困乏不能家給人足今良曹掾尚無袴寧為家給人足耶望曰議曹惰窮自無袴寧足為不家給

人足耶太守斂容而止曰此生言是遂不舉觴賜良鰒魚百枚轉良為功曹良恥以言受進終不肯謁東平王蒼辟為西曹掾數諫蒼多善策蒼上表薦良上以章示公卿曰前見良頭鬚皎然衣冠甚偉求賢助國宰相之職蕭何舉韓信設壇即拜不復考試今以良為議郎遷司徒長史以清白方正稱

劉平

劉平字公子楚郡人（案范書本傳平本名曠顯宗後改為平）以仁孝著聞更始時天下亂平弟仲為賊所殺其後賊忽然而至平

扶持其母奔走逃難抱仲遺腹女而棄其子母欲還取之平不聽曰力不能兩活仲不可以絕類遂去不顧與母俱匿野澤中平朝出求食為餓賊所得將烹之叩頭曰今旦為老母求菜老母饑少氣待歸為命願得歸飯母畢還就死因涕泣賊哀而遣之平還食母訖因白曰屬與賊期義不可負遂還詣賊眾皆大驚相謂曰嘗聞烈士今乃見之去矣吾不忍食子於是得全平既免乃摭英得三升豆以謝賊恩（按更始時以下至此從太平御覽卷八）永平三年為宗正數薦達名士承宮郇恁等

李[illegible]文

人足以太守斂容而止曰此生言是遂不舉觴良負
息百救轉良為功曹良恥以言受進終不肯謁東平王
蒼辟為西曹掾數諫蒼多善策蒼上表薦良上以章示
公卿曰前見良頭鬢皎然衣冠甚偉求賢助國宰相之
職蕭何舉韓信設壇即拜不復考試今以良為議郎遷
司徒長史以清白方正稱

劉平

劉平字公子楚郡人（案范書本傳平本名曠顯宗後改為平）以仁孝著聞
更始時天下亂平弟仲為賊所殺其後賊復忽然而至平

東觀漢記　卷十七　五

扶持其母奔走逃難抱仲遺腹女而棄其子母欲還取
之平不聽曰力不能兩活仲不可以絕類遂去不顧與
母俱匿野澤中平朝出求食為餓賊所得將烹之叩頭
曰今旦為老母求菜老母饑乏待曠為命願得歸食
母畢還就死因涕泣賊哀而遣之平還食母訖因白曰
屬與賊期義不可負遂還詣賊眾皆大驚相謂曰常聞
烈士今乃見之去矣吾不忍食子於是得全平既免乃
撫莫得三升豆以謝賊恩　永平三
年為宗正數薦達名士承宮郇恁等

承宮

承宮、（宮字少子。檃范書本傳）、琅邪姑幕人。少孤，年八歲，為人牧豬。鄉里徐子盛明春秋經，授諸生數百人。宮過其廬下，見諸生講誦，好之，因忘其豬而聽經。豬主怪其不還，行求索，見生，欲笞之。門下生共禁，乃止。因留精舍門下，樵薪執苦數十年間，遂通其經。遭王莽篡位，天下擾攘，盜賊并起，遂避世漢中。建武四年，將妻子之華陰山谷，耕種禾黍。臨熟，人就認之，宮悉推與而去，由是顯名。永平中，徵為博士，遷左中郎將。數納忠諫，論議切直，名播匈奴。

時單于遣使求欲得見宮，詔勅宮自整飭。宮對曰：彼徒炫名，非實識也。臣狀醜，不可以示遠，宜選長大威容者。帝乃以大鴻臚魏應代之。

鍾離意

鍾離意、（檃范書本傳：意字子阿，會稽山陰人）辟大司徒侯霸府，詔部送徒詣河內。時冬寒，徒病不能行。路過弘農，意輒移屬縣使作徒衣。縣不得已與之，而上書言狀，意亦具以聞。上得奏，以見霸，曰：君所使掾，何乃仁于用心，誠良吏也。意在堂邑，為政愛利，輕刑慎罰，撫循百姓如赤子。初到縣，市

承宮

承宮（宮字少子，後漢書本傳）琅邪姑幕人，少孤，年八歲為人牧豬，

鄉里徐子盛明春秋經，授諸生數百人，宮過其廬下，見

諸生講誦，好之，因忘其豬而聽經，豬主怪其不還，行求

索，見宮，欲笞之，門下生共禁止，乃止，因留精舍門下，樵薪，

執苦數十年間，遂通其經，遭王莽篡位，天下擾攘，盜賊

并起，宮遂避世漢中，建武四年，將妻子之華陰山谷，耕種

未奉，臨熟，就說之，宮乃推與而去，由是顯名。永平中

徵為博士，遷左中郎將，數納忠諫，論議切直，名播匈奴。

東觀漢記　卷十七　六

時單于遣使求欲得見宮，詔敕宮自整飾，宮對曰：夷狄

眩名，非實識也，臣狀醜不可以示遠，宜選長大威容者。帝

乃以大鴻臚魏應代之。

鍾離意

鍾離意（字子阿，會稽山陰人，後漢書本傳）

詣河內，時冬寒，徒病不能行，路過弘農，意輒移屬縣使

作徒衣，縣不得已與之，而上書言狀，意亦具以聞，上得

奏以見霸，曰：君所使掾何乃仁于用心，誠良吏也。意在

堂邑，為政愛利，輕刑慎罰，撫循百姓如赤子，初到縣，市

案陸文

無屋，意出奉錢帥人作屋，人齎茅竹或持材木，爭赴趨作，決日而成。功作既畢，為解土，祝曰（案解土太平御覽作民土），興功役者令，百姓無事。如有禍祟，令自當之。人皆大悅。顯宗時，意為尚書，交阯太守坐贓千金，徵還伏法，詔以其貲物班賜羣臣。意得珠璣，悉以委地而不拜賜。上怪問其故，對曰：臣聞孔子忍渴於盜泉之水，曾參迴車於勝母之閭，惡其名也。此贓穢之物，誠不敢拜受。上嗟歎曰：清乎尚書之言。乃更以庫錢三十萬賜之。詔賜降人縑，尚書案事，誤以十為百。上見司農上簿，大怒，召郎將笞之。

意因叩頭曰：過誤之失，常人所容。若以懈慢為愆，則臣位大罪重，郎位小罪輕，咎皆在臣，臣當先笞。乃解衣就格。上意乃解。上欲起北宮，意上書諫，出為魯相。後起德陽殿，殿成，百官大會，上謂公卿曰：鍾離尚書若在，不得成此殿。

宋均

宋均，字叔庠（案范書本傳均南陽安衆人），均為九江太守，有兩山，名曰唐后山，有神祠，衆至共為嫁娶，皆取百姓男女，不復要娶巫家女，百姓患之，長吏莫敢改之。均乃移書曰：自今

案陸文

聖王象文百姓患之其吏莫敢改之乃移書曰自今
唐后山有神祠家至共為嫁娶皆取百姓男女不復要
宋均字叔庠（南陽安眾人也據書鈔本）為九江太守有西北名曰
宋均
政比殿
陽殿殿成百官大會上謂公卿曰鍾離尚書若在不得
格帝意乃解上欲起北宮意上書諫出為魯相後起德
位大眾重鄉位小眾輕各皆在臣臣當先坐乃解衣就
意因叩頭曰過誤之失常人所容若以懈慢為愆則臣

東觀漢記卷十七 乂

書案事誤以十為百上見司農上簿大怒召郎將笞之
乎尚書之言乃更以庫錢三十萬賜之詔賜降人縑尚
之間惡其名也比藏之物誠不敢拜受帝更歎曰清
故對曰臣聞孔子忍渴於盜泉之水曾參迴車于勝母
物班賜群臣意得珠璣悉以委地而不拜賜上怪問其
時意為尚書交阯太守坐臧千金徵還伏法詔以其貲
役者令百姓與事如有禍祟令自當之人皆大悅顯宗
作從日而成功作既畢為解土祝曰（御覽作士民大平）興功
無屬意出奉錢帥人作屋人齎茅竹或持材木爭赴趣

已去，當為山娶巫家女，其後乃絕。建武中，山陽楚郡多蝗蜚，南到九江，輒東西别去，由是名稱。永平七年，徵為尚書令，忠正直言，數納策謀，每駮議未嘗不合上意。

朱酺

朱酺，案范書莋都夷傳酺作輔。梁國寧陵人，明帝時為益州刺史，移書屬郡，喻以聖德，白狼王等百餘國重譯來庭，歌詩三章，酺獻之。

䱷陽鴻

䱷陽鴻，字孟孫，中山人，為世名儒，永平中，拜少府。

楊政

楊政，字子行，京兆人，治梁丘易，與京兆祁聖元同好，俱名善說經書，京師號曰：說經鏗鏗楊子行，論難僠僠祁聖元。政師事博士范升，建武中，升為太常丞，為去妻所誣告，坐事繫獄，當伏重罪。政以車駕出時，伏道邊，抱升子持車叩頭，武騎虎賁恐驚馬，引弓射之，不去。旄頭以戟叉政，傷胸前，政涕泣求哀，上即尺一出升。政嘗過揚虛侯馬武，武稱疾，見政，對几據牀，欲令政拜牀下。政入戶，前排武，徑上牀坐，武帳言語不擇，因把臂責之曰：按政入戶以下，太平御覽作政入戶，徑上牀坐，武恨語言不遜，欲自白云去，與此稍異。卿蒙國恩

已去當為山取巫家女其後乃絕建武中山陽[illegible]郡以[illegible][illegible]南到九江郡東西別去由是名稱永平十年徵為尚書令忠正直言數納策謀嘉數議未嘗不合上意

朱酺

朱酺[illegible]州刺史數書為郎命以聖德日就王等百餘國重譯來庭歌詩三章酺獻其

雎陽鴻

雎陽鴻字孟孫中山人為世名儒永平中辟少府

楊政

楊政字子行京兆人治梁丘易與京兆祁聖元同好俱名善說經書京師號曰說經鏗鏗楊子行論難[illegible]祁聖元政師事博士范升建武中[illegible]升為太常丞去妻所誣告坐事繫獄當伏重罪政以車駕出時伏道抱升子持車叩頭武騎虎賁恐驚引弓射之不去旄頭以戟叉政傷胸前政涕泣求哀上即尺一出升政嘗過楊虛侯馬武武稱疾見政對几據床欲令政拜床下政入戶前排武徑上床坐武膝言語不擇因把臂責之曰卿蒙國恩

備位藩臣，不思求賢報國，而驕天下英俊，今日搖動者刀入脅，左右大驚，以為見劫，操兵滿側，政顏色自若，會信陽侯至，責數武，令為朋友，其果勇敢折，皆此類也。

三百花桂

案陰文

薛漢

薛漢，字子公，案：范書作字公子。本傳淮陽人，才高名遠，兼通書傳，無不照覽，道術尤精，教授常數百，弟子自遠方至者，著為錄。

案陰文

郇恁

郇恁，字君大，鴈門人也。案：郇恁，范書周燮、黃憲傳序及李善文選注並作荀恁。隱居教授，東平憲王蒼為驃騎，開東閤延賢士，辟恁署為祭酒，敬禮焉。後朝會，明帝戲之曰：「先帝徵君不來，驃騎辟君而來，何也？」恁曰：「先君秉德以惠下，臣可以禮進退；驃騎執法御臣，臣懼法而至。」案：此四句，李善文選注作：先帝秉德惠下，臣故不來；驃騎將軍執法檢下，臣故不敢不來。月餘，遂去官。

案陰文

徐匡

永平中，車駕出，信陽侯陰就干突車騎鹵簿，車府令齊國徐匡鉤就車，收御者送獄。詔書譴匡，匡自繫獄，吳良上言：信陽侯驕慢，干突車騎，大不敬，無人臣禮，匡執法

上言信陽侯驕慢干突車騎大不敬典入臣國臣執法

國徐匡鉤就車收御者送獄詔書譴匡匡自繫獄具兒

永平中車駕出信陽侯陰就干車騎簿西漢車府令齊

徐匡

下騎臣騎故將不軍敗執不法來檢月餘遂去官

驕騎執法御臣臣懼法而至 先帝比以東四德勿惠李下善臣故不注來作

辟君而來何也信曰先君棄德以惠下臣可以禮進退

祭酒取禮馬後期會明帝徵之曰先帝徵君不來驕騎

居數校東平憲王蒼為驃騎開東閣延賢士辟信署為

東觀漢記　卷十七　九

卯信字君大雁門人也 凡善作注無篇信說書同覺圖念隱

卯信

為錄

典不照覽道術大精教校常數百弟子自遠方至各著

辟漢字子公 作字公說書子傳 淮陽人太高名遠兼通書傳

辟漢

信陽侯至貴數以令為明文其果為敢禁其不顧也

乃入貴戚左右大驚以為見知禁兵滿側改頌自告會

備位藩臣不思求賢報國而驕天下英俊今自謝謝

守正而下獄，恐政化由是而墮，詔出匡左遷卽丘長。范書吳良傳，帝雖赦匡，猶左轉良為卽丘長，則左遷者吳良，非匡也，此文疑誤。

張重

張重，日南計吏，形容短小，明帝問云：何郡小吏？對曰：臣日南計吏，非小吏也。

姜詩

姜詩，字士遊，廣漢雒人也。適值年荒，與婦傭作養母。詩性至孝，母好飲江水，令兒常取水，溺死，夫婦痛，恐母知，詐曰行學，歲歲作衣投於江中。俄而涌泉出舍側，味如江水，日生鯉一雙。賊經詩里，不敢驚孝子。太平御覽作赤眉賊經其里落東兵安步云不可驚孝子。致米肉，詩埋之。後吏譴詩，詩掘示之。

趙孝

趙孝，字長平，沛國蘄人。父為田禾將軍，孝為郎，每告歸，往來常白衣步擔。嘗從長安來，過直上郵亭，但稱書生，寄止於亭門塾。亭長難之，告有貴客過，灑掃，不欲穢污地。良久乃聽止。吏因問曰：田禾將軍子從長安來，何時發，幾日至？孝曰：尋到矣。時天下亂，人相食，弟禮為賊所得，孝聞，卽自縛詣賊，曰：禮久餓羸瘦，不如孝肥。賊義放

得孝聞即自縛詣賊曰禮久餓羸瘦不如孝肥飽賊竝放
發幾日至孝曰尋到矣時天下亂人相食弟禮為餓賊所
地良久乃號止吏因問曰田禾將軍子從長安來何時
寄止於亭門塾亭長難之告有貴客過灑埽不欲穢污
往來常白衣步擔嘗從長安來過直上郵亭但稱書生
趙孝字長平沛國蘄人父為田禾將軍孝為郎每告歸

趙孝

云其不理可落讀東疑兵子安安 致米內詩理之於吏讖詩詩據示之

江水日生鯉一雙毀經詩里不敢驚孝子

東觀漢記 卷十七 十

詐曰行學歲歲作衣投於江中俄而湧泉出舍側味如
性至孝母好飲江水兒常取水溺死夫婦痛恐母知
姜詩字士遊廣漢雒人也適值年荒與婦傭作養母詩

姜詩

日南計吏非小吏也
張重日南計吏形容短小明帝問云何郡小吏對曰臣

張重

臣書則吳左良臺傳者帝吳辭良武非臣臣稱也左孔轉文良哉為臟印五

守正而下獄恐或化由是而遷詔出國左遷□丘長

之建武初天下新定穀食尚少孝得穀炊將熟令弟禮夫妻俱出外孝夫妻共蔬食比禮夫妻歸即曰我已食訖以穀飯獨與之積久禮心怪疑後掩伺見之亦不肯食遂共蔬食兄弟怡怡（按虞世南北堂書鈔作孝得穀炊將熟時弟他出至暮始回孝待之同飯雖蔬食茹菜兄弟怡怡與此異）鄉里歸德孝辟太尉府顯宗聞其行官至長樂衛尉弟禮為御史中丞帝嘉其篤行寵異之詔禮十日就長樂衛尉府太官送供具相對盡歡數年禮卒令孝從官屬送喪歸也

魏譚

魏譚字少閒琅邪人王莽末政亂盜賊起人民相食譚為賊所得等輩數十皆縛束當稍就噉見譚貌謹敕獨放令主炊養有賊長公哀譚謂曰汝曹皆當以次死哀縱汝急從此去譚不肯去叩頭曰我嘗為諸君主炊養食馨肉肌香餘皆菜食羸瘦肉腥臊不可食願先等輩死長公義之即相謂此兒有義可哀縱也賊遂皆放之數十人皆得脫譚有一孤兄子年一二歲常自養親遭饑饉分升合以相存活譚時有一女生裁數月念無穀食終不能兩全棄其女養活兄子州郡高其義

之。建武初，天下新定，穀食尚少，孝得穀，炊將熟，令弟禮夫妻俱出外，孝夫妻共蔬食。比禮夫妻歸，即曰：我已食訖，以穀飯獨與之。積久，禮心怪疑，後掩伺見之，亦不肯食，遂共蔬食，兄弟怡怡，（按[illegible][illegible]時弟他出至暮若旧春虞世南北堂書鈔作若[illegible][illegible]來凡弟怡怡與比與待之同飯[illegible]蔬食[illegible]）鄉里歸德。孝辟太尉府，顯宗聞其行，官至長樂衛尉，弟禮為御史中丞。帝嘉其篤行，寵異之，詔禮十日就長樂衛尉府，太官送供具，相對盡歡。數年，禮卒，令孝從官屬送喪歸也。

魏譚

東觀漢記　卷十七　十一

魏譚，字少閒，琅邪人。王莽末，政亂，盜賊起，人民相食。譚為賊所得，等輩數十皆縛束，當就烹。賊見譚貌謹敕，獨放令主炊養。有賊長公，哀譚，謂曰：汝曹皆當以次死，哀縱汝，急從此去。譚不肯去，叩頭曰：我常為諸君主炊養，食馨肉肥香，餘皆菜食羸瘦，肉腥臊不可食，願先烹死。長公義之，即相謂此兒有義，可哀縱之。賊遂皆放之，數十人皆得脫。譚有一孤兄子，年一二歲，常自養視，遭饑饉，分升合以相存活。譚時有一女，生數月，令與穀食，終不能兩全，棄其女，養活兒子。州郡高其義。

李善

李善、字次孫、南陽人、本同縣李元蒼頭、建武中、疫病、元家相繼死沒、唯孤兒續始生數旬、而有資財千萬、諸奴私共計議、欲謀殺續、分財產、善乃潛負逃亡、隱山陽瑕丘界中、親自哺養、乳為生湩、續孩抱、奉之不異長君、有事輒長跪請白、然後行之、閭里感其行、皆相率修義、續年十歲、善與歸本縣、修理舊業、告奴婢于長吏、悉收殺之、時鍾離意為瑕丘令、上書薦善行狀、

東觀漢記卷十七

東觀漢記卷十八

列傳十三

第五倫

第五倫、字伯魚、京兆長陵人、修行清白、王莽末、盜賊起、時米石萬錢、人相食、倫獨收養孤兄下外孫、分糧共食、死生相守、鄉里以此賢之、倫步擔往候鮮于褒、留十餘日、將倫上堂、令妻子出相對、以屬託焉、倫自度仕宦牢落、遂將家屬客河東、變易姓名、自稱王伯齊、嘗與奴載鹽北至太原販賣、每所至客舍、去輒為糞除、道上號曰

道士、開門請求、不復責舍宿直、京兆尹閻興召倫為主簿、時長安市未有秩、又鑄錢官姦宄所集、無能整齊理之者、興署倫督鑄錢掾、領長安市、倫平銓衡、正斗斛、市無阿枉、百姓悅服、其後小民爭訟、皆云第五掾所平、市無姦枉欺詐之巧、倫每見光武詔書、常歎曰、此聖主也、當何由一得見決矣、等輩笑之曰、汝三皇時人也、爾說尚不下、安能動萬乘主耶、倫曰、未遇知己、道不同故耳、案范書本傳注引華嶠書曰、蓋延代鮮于褒為馮翊、多非法、倫數切諫、延恨之、故滯不得舉、將、州將謂延也、諸王當歸國、詔書選三署郎補王家長吏、除倫為淮陽

東觀漢記卷十八

列傳十三

第五倫

第五倫字伯魚，京兆長陵人。修行清白。王莽末，盜賊起，時米石萬錢，人相食，倫獨收養孤兄外孫，分糧共食，死生相守，鄉里以此賢之。倫步擔往候鮮于褒，褒留十餘日，將倫上堂，令妻子出相對，以屬託焉。倫自度仕宦牢落，遂將家屬客河東，變易姓名，自稱王伯齊，常與奴載鹽北至太原販賣，每所至客舍，去輒爲糞除，道上號曰

道士。開門請求，不復責舍宿直。京兆尹閻興召倫爲主簿。時長安市未有秩，又鑄錢官姦宄所集，無能整齊理之者，興署倫督鑄錢掾，領長安市。倫平銓衡，正斗斛，市無阿枉，百姓悅服。其後小民爭訟，皆云第五掾所平，市無姦枉。擬詐之巧。倫每見光武詔書，常歎曰：「此聖主也，當何由一得見決矣。」等輩笑之曰：「汝三皇時人也。爾說尚不下，安能動萬乘主耶？」倫曰：「未遇知己，道不同故耳。」

明多非法倫數加諫正抵之故不得久留 傳注引華嶠書曰蓋延代鮮于褒薦之

諸王當歸國，詔書選三署郎補王家長吏，除倫爲淮陽

王醫工長、時輩除者多、綬盡但假印、倫請於王王賜之綬、嘗見上曰、聞卿爲吏搗妻父不過從兄飯寧有之耶對曰、臣三娶妻、皆無父、臣生遭饑饉米石萬錢不敢妄過人飯曰、聞卿爲市掾有人遺卿母一笥餅卿知從外來奪之、母遂探口餅出之、有諸對曰實無此衆人以臣愚蔽、故爲此言也、倫性節儉、作會稽郡、雖爲二千石、卧布被自養馬妻炊爨俸祿常取赤米與小吏受等財留一月俸、餘皆賤糶與民饑羸者、爲事徵百姓攀轅扣馬呼曰、案太平御覽作初代到當發百姓老小閻府門攀車扣馬啼呼曰舍我何之倫密

委去、百姓聞之、乘船追之、交錯水中、其得民心如此倫免官歸田里、不交通人物、躬與奴共發棘田種麥、倫爲司空、奉公不撓言事無所依違、諸子諫止、輒叱之、每上封自作草不復示掾吏、或民奏記言便宜、便上封、空以下至此從太平御覽增去年伏誅者刺史一人太守三人被死罪二人、凡六人、案范書本傳倫爲三公值帝屢有善政乃上疏褒稱盛美、去年以下乃其疏中述近事語、前後文闕、

桓虞

桓虞、字伯春、案范書章帝紀李賢注作字仲春、馮翊萬年人、還尚書僕

桓虞字伯春馮翊萬年人遷尚書僕

桓虞

文闕後

羆二人凡六人

去年伏誅者刺史一人大守三人減死

封自作草不復示掾吏或民奏記言便宜便上封之每

司空奉公不撓言事無所依違諸子諫止輒叱之每上

免官歸田里不交通人物躬與奴共發棘田種麥倫為

委去百姓聞之來船追之錢水中其得民心如此倫

東觀漢記　卷十八　二

呼曰舍我何之倫密

一月俸餘皆賤糶與民饑羸者為事職百姓攀轅扣馬

布被自養馬妻炊爨俸祿常取赤米與小吏受等財留

思敢故為此言也倫性節儉作會稽郡雖為二千石臥

來事之母盜孫口飯出之有語對曰實無此衆人以臣

過入飯曰聞卿為市掾有人遺卿母一笥餅卿知從外

對曰臣三娶妻皆無父臣生遭饑饉米石萬錢不敢妄

綬嘗見上曰聞卿為吏撾妻父不過從兄飯寧有之耶

王醫工長時輩除者多綬盡但假印倫請於王王賜之

案陸文

射、據法斷事、周密平正、以為能、擢為南陽太守、

鄧彪

鄧彪字智伯、南陽人也、父邯、世祖中興從征伐、以功封鄳侯、彪少修孝行、厲志清高、與東郡宗武伯翟敬伯陳綏伯張弟伯同志好齊名、稱南陽五伯、彪以嫡長為世子、邯薨、彪當嗣爵、讓國與異母弟鳳、明帝高其節、詔書聽許、鳳襲爵、彪仕州郡、爲太尉、在位清白、以廉讓率下、（按歐陽詢藝文類聚纂入下）為百僚式、視事四年、以疾乞骸骨、賜策罷、贈錢三十萬、所在以二千石俸終其身、

鄭弘

會稽鄭弘字巨君、為鄒縣令、魯春雨霜、鄒穀獨無災、為太尉、以日食免、（按此七字從虞世南北堂書鈔纂入）

袁安

袁安（據范書本傳、字部公、汝南汝陽人、）為河南尹十餘年、政令公平、未嘗以贓罪鞠人、常歎曰、凡士之學、高欲望宰相、下及牧守、錮人於聖代、尹不忍為也、（按此段從李賢章懷注纂入）和帝始加元服、太后詔安為賓、賜束帛乘馬、安為司徒、每朝會憂念王室、未嘗不流涕、

射援法斷事周密平正以為能擢為南陽太守

鄧彪

鄧彪字智伯南陽人也父邯中興初以功封鄳侯彪少修孝行厲志清高與東郡宗武伯翟敬伯陳綏伯張弟伯同志好齊名稱南陽五伯彪以嫡長為世子邯薨彪當嗣爵讓國與異母弟鳳明帝高其節詔書聽許鳳襲爵彪仕州郡為太僕在位清白以廉讓率下（[illegible]）為百僚式視事四年以疾乞骸骨賜策罷贈錢三十萬所在以二千石俸終其身

東觀漢記 卷十八 三

鄭弘

會稽鄭弘字巨君為鄒縣令會春雨霜鄒穀獨無灾為太尉以日食免（[illegible]）

袁安

袁安（[illegible]）為河南尹十餘年政令公平未嘗以贓（[illegible]）罪鞫人常歎曰凡士之學高欲宰相下及牧守錮人於聖代日不忍為也（[illegible]）和帝始加元服太后詔安為賓賜束帛乘馬安為司徒每朝會憂念王室未嘗不流涕

朱暉

朱暉、字文季、南陽人、暉之先宋微子之後也、以國氏姓周衰、諸侯滅宋、奔碭、易姓為朱、後徙于宛、暉外祖父孔休、以德行稱於代、暉早孤、有氣決、年十三、莽敗、天下亂、與外氏家屬從田間奔入宛城、道遇羣賊、賊操弓弩、欲裸奪婦女衣服、昆弟賓客、皆惶迫伏地、莫敢動、暉拔劍前曰、財物皆可取、諸母衣不可得、今日朱暉死日也、賊義其小壯其志、笑曰、童子內刀、遂舍之、為郡督郵、太守阮況當嫁女、欲買暉婢、暉不敢與、及況卒、暉送其家金

三斤、人問其故、暉曰、前不與婢者、恐以財污府君、今重送、欲明己心也、驃騎將軍東平王蒼辟暉為掾、正月旦、將軍當奉璧賀、故事少府給璧、時陰就為少府吏、甚驕慢、求不可得、暉遙見就主簿持璧、謂曰、我素聞璧未嘗見、借觀之、主簿授暉、暉授令史、主簿遽白就、就曰、朱掾義士、勿求之、蒼罷朝、謂暉曰、掾自視孰與藺相如、再遷臨淮太守、暉好節概、有所拔用、皆厲行之士、表善黜惡抑強絕邪、歲常豐熟、（按暉好節概五句從太平御覽增）吏民畏而愛之、為之歌曰、強直自遂、南陽朱季、吏畏其威、民懷其惠、建

朱暉

朱暉字文季，南陽人。暉之先，宋微子之後也，以國氏姓。周衰，諸侯滅宋，奔碭，易姓為朱，後徙于宛。暉外祖父孔休，以德行稱於代。暉早孤，有氣決。年十三，莽敗，天下亂，與外氏家屬從田間奔入宛城，道遇羣賊，賊操弓弩欲裸奪婦女衣服，昆弟賓客皆惶迫，伏地莫敢動。暉拔劍前曰：財物皆可取，諸母衣不可得，今日朱暉死日也。賊義其小，壯其志，笑曰：童子內刀。遂舍之。為郡督郵，太守阮況當嫁女，欲買暉婢，暉不敢與。及況卒，暉送其家金

三斤。人問其故，暉曰：前不與婢者，恐以財汙府君，今重送，欲明己心也。驃騎將軍東平王蒼辟暉為掾。正月旦，將軍當奉璧賀，故事少府給璧。時陰就為少府，吏甚驕慢，求不可得。暉遙見就主簿持璧，謂曰：我素聞璧，未嘗見，借觀之。主簿授暉，暉授令史。主簿遽白就，就曰：朱掾義士，勿求之。蒼罷朝，謂暉曰：掾自視孰與藺相如？再遷臨淮太守。暉好節概，有所拔用，皆厲行之士，表善懸惡，仰還統邪，歲常豐熟，[illegible]吏民畏而愛之。謠之歌曰：強直自遂，南陽朱季，吏畏其威，民懷其惠。

武十六年、四方牛大疫、臨淮獨不疫、鄰郡人多牽牛入界。暉為守數年、生考長吏囚死獄中、州奏免官。暉同縣張堪有名德、每與相見、常接以友道。暉以堪宿成名德、未敢安也。堪至、把暉臂曰、欲以妻子託朱生。暉舉手不敢答。堪後仕為漁陽太守、暉自為臨淮太守、絕相聞見。堪後物故、南陽饑、暉聞堪妻子貧窮、乃自往候視其困戹、分所有以賑給之、歲送穀五十斛、帛五匹、以為常。

韋彪

韋彪、案范書本傳、彪字孟達、扶風平陵人。上議曰、二千石皆以選出京師、剖符典千里、案范書本傳、建初中為大鴻臚。時陳事者言郡國貢舉率非功次、咎在州郡、詔下公卿朝臣議、此蓋彪議中語、范書節去。

韋豹

韋豹、案豹、彪族子、字季明、數辟公府、輒以事去。司徒劉愷辟之、謂曰、卿輕人、好去就、故爵位不踰。今歲垂盡、當辟御史、意在相薦、子其留乎。豹曰、犬馬齒衰、豈敢久待、論薦之私、非所敢當。遂跣而起。愷追之、遙去不顧。按此段從太平御覽

郭躬

案陰文

案陰文

案陰文

三首改

京兆

之私非所敢當遂跣而起蹤迹之遂去不顧

史意在相薦于其留守鄧曰大馬適家豈敢久待論薦

之謂曰卿輕人好去就敢背位不肯合故連書當辟卿

章懷注 字季明數辟公府輒以事去司徒劉愷辟

章懷注

議中朝臣議此書盡言表[illegible]

剖符典千里 [闕]注書本 [illegible]

東觀漢記卷十八 王

章懷注 [闕] 章懷注 [illegible] 本 [illegible] 八字 上議曰二千石皆以選出京師

分所有以賑給之歲送穀五十斛帛五匹以為常

後詣故郡隱窮鄉閭與子孫相隨自往候親相見已

答趙後任隗至邛陽太守自以為臨淮太守相聞見憂

敢安也隗至邛陽惲曰欲以妻子託朱生惲舉手不敢

選有[illegible]德與相見常接以友道惲以堪為名德未

界惲為守數年長吏圖之故中州奏免官惲同縣果

武十六年四月卒于大司農淮陽不忘鄉郡人當年入

遼

郭躬、范書本傳、躬字仲孫、潁川陽翟人。家世掌法、務在寬平、章和元年、赦天下繫囚在四月丙子以前減死罪一等、勿笞、詣金城、而文不及亡命未發覺者、躬上封事曰、伏惟天恩莫不蕩宥、死罪以下並蒙更生、而亡命捕得、獨不沾澤、臣以為赦前犯死罪而繫在赦後者、可皆勿笞、詣金城、以全人命、有益于邊、上善之、即下詔赦焉、

鄭均

鄭均、字仲虞、任城人也、治尚書、好黃老、淡泊無欲、清靜自守、不慕游宦、兄仲為縣游徼、頗受禮遺、均數諫止不

聽、即脫身出作、歲餘、得數萬錢、歸以與[illegible]得、為吏坐贓、終身捐棄、兄感其語、遂為[illegible]均好義篤實、兄、事寡嫂恩禮敦至、養[illegible]已冠娶、出令別居並門、且盡推財與之、使得[illegible]後隨護視賑給之、均屏[illegible]遷、尚書、肅宗敬重之、後[illegible]闕、詔[illegible]問均所苦、賜以冠幘錢[illegible]均遺子[illegible]

案陸文

三百花侯

王景

王景、范書本傳景字仲通樂浪詶邯人治浚儀、賜山海經河渠書、書鈔十八傳賜山海經河渠書見典內北堂書鈔株為此誤建初八年、景為廬江太守、乃教民種麻桑而養蠶、

廉范

廉范字叔度、京兆人也、祖父客死蜀漢、范年十五、與客步負喪歸、至葭萌、船觸石破没、范持棺柩、遂俱沉溺、衆傷其義、鈎求得之、僅免於死、按此段從太平御覽纂入太守張穆持筒中布數篋與范、范曰、石生堅、蘭生香、前後相違、不忍

行也、遂不受、為雲中太守、始到、烽火日通、故事、虜出度五千人、乃移書旁郡求助、吏白今虜兵度出五千、請移警檄、范不聽、遂選精兵自將、出至近縣、令老弱城守而追之、為蜀郡太守、成都邑宇偪側、舊制禁民夜作、以防火、而更相隱蔽、燒者日日相屬、范乃毀削前令、但嚴使儲水、百姓為便、民歌之曰、廉叔度、來何暮、不禁火、民安堵、昔無襦、今五袴、百姓皆喜、家得其願、時生子皆以廉名者千數、章和二年、帝崩、范奔赴敬陵、還入城、見道中有諸生乘小車、馬頓死泥中、諸生立旁不能自進、時

王景

王景字仲通 本傳 景八字 治浚儀 賜山海經河渠書

建初八年景爲廬江太守乃

教民種麻桑而養蠶

廉范

廉范字叔度京兆人也祖父客死蜀漢范年十五與客

步負喪歸至葭萌船觸石破沒范持棺柩遂俱沉衆

傷其義鈎求得之僅免於死太守張穆持

筒中布數匱與范范曰石生堅蘭生香前後相違不忍

東觀漢記 卷十八

大

行也遂不受爲雲中太守會到烽火日通故事虜出度

五千入乃發書旁郡求助吏白今虜兵度出五千請救

警檄范不聽遂選精兵自將出至近縣令老弱城守而

造之爲蜀郡太守成都邑宇偪側舊制禁民夜作以防

火而更相隱蔽燒者日日相屬范乃毀削前令但嚴使

儲水百姓爲便民歌之曰廉叔度來何暮不禁火民安

猶昔無孺令互移百姓皆喜家得其願時生子皆以廉

召者十數章和二年帝臨沉奔赴賊陵還入城見適

中有諸生來小車馬驚沉深中諸生立寒不能自進辭

范問為誰所從來、生白廬江太守掾嚴麟為太守奉章來弔、范惻然、令從騎下馬與之、不告而去、麟事畢、不知馬所歸、緣路訪之、或謂麟曰、故蜀郡太守廉叔度、好賙人窮、今奔國喪、當是時麟亦素聞范名、以為然、即牽馬造門謝而歸之、世伏其好義、

王阜

王阜、（按阜范書作追、附見南蠻西南夷傳）字世公、蜀郡人、少好經學、年十一、辭父母欲出精廬、以少不見聽、後阜竊書誦、盡日、辭欲之犍為定生學經、携錢二千、布兩端、母追求到武陽

北男謁舍家得阜、將還、後歲餘、白父阜曰、今我出學仕宦、儻至到今、毋乘跛馬車、昇憐其言、聽之、定所受韓詩、年七十、為食侍謀童子傳授業、聲聞鄉里、（按此段文義不明疑有脫誤）補重泉令、政治肅清、舉縣畏憚、吏民向化、鸞鳥集於學宮、阜使五官掾長沙疊為張雅樂擊磬、鳥舉足垂翼、應聲而舞、翱翔復上縣庭屋、十餘日乃去、為益州太守、邊郡吏多放縱、阜以法繩正吏、民不敢犯禁、政教清靜、百姓安業、神馬四出滇河中、甘露降、白烏見、連有瑞應、世謂其用法平正、寬慈惠化所致、大將軍竇

從問為誰所從來主白廬江太守掾嚴麟為太守奉章
來車從側然今從騎下馬與之不告而去麟事畢不知
馬所歸緣路訪之或謂麟曰故蜀郡太守廉叔度好周
人窮令奉圖貲當是特麟亦素聞者以為然即牽馬
造門謝而歸之世伏其好義

王阜

王阜（見[illegible]……書作直附）字世公蜀郡人少好經學年十
一辭父母欲出精廬以少不見聽後阜竊書誦盡日辭
欲之犍為定生學經攜錢二千布兩端追求到武陽

東觀漢記　卷十八

北男謁舍家得阜將還歲餘白父升曰今欲出學任
宜懷至到今母乘跛馬車升憐其言聽之定所受韓詩
年七十為食侍諸童子傳授業聲聞鄉里
○○○○補重泉令政治肅清舉縣畏憚吏民向化
鸞鳥集於學宮阜使五官掾長沙疊為張雅樂擊磬鳥
舉足垂翼應聲而舞翾翔復上縣庭屋十餘日乃去為
益州太守邊郡吏多放縱阜以法繩正吏民不敢犯禁
政教清靜百姓安業神馬四出滇河中甘露降白烏見
連有瑞應世謂其用法平正寬慈惠化所致大將軍竇

憲貴盛，以絳罽襜褕與阜，不受，憲嘗移書益州，取六百萬，阜疑有姦詐，以狀上，憲遣奴騶帳下吏李文迎錢，阜以詔書未報，距不與文，積二十餘日，詔書報，給文以錢市馬。

秦彭

秦彭，字國平，（案范書本傳作字伯平，扶風茂陵人。）元成閒，宗族五人同為二千石，故號為萬石秦氏。彭為開陽城門候，為山陽太守，時山陽新遭地動後，饑旱穀貴，米石七八萬，百姓窮困，彭下車，經營勞來，為民設四誡，以定父母妻子長幼之序，擇民能率衆者，以為鄉三老，選鄉三老為縣三老，令與長吏參職，崇儒雅，貴庠序，尚德化，不任刑名，春秋饗射，升降揖讓，務禮示民，吏民畏愛，不敢欺也。後拜潁川太守，老弱啼號滿道。彭在潁川，鳳凰、麒麟、嘉禾、甘露之瑞集于郡境。

玄賀

玄賀，字文弘，（案常璩華陽國志作字文和，宕渠人。）遷鄞令，政化大行，為九江太守，行縣，齎持乾糒，但就溫湯而已。臨去日，百姓扶車叩馬，啼泣隨之。

憲貴盛，以[illegible]繡衣與阜，阜不受。憲嘗移書益州，取六百萬，阜疑有許，以狀上，憲遣奴騶帳下吏李文迎錢，阜以詔書未報，距不與。文積二十餘日，詔書報，給文以錢市馬。

秦彭

秦彭，字國平，[illegible]元成間，宗族五人同為二千石，故號為萬石秦氏。彭開陽城門候，[illegible]為山陽太守。時山陽新遭地動後，饑旱，穀貴，米石七八萬，百姓窮困，彭下車，經營勞來，為民

東觀漢記　卷十八　九

設四誡，以定父母妻子長幼之序，擇民能率眾者以為鄉三老，選鄉三老為縣三老，令與長吏參職，崇儒雅，貴庠序之教，化不任刑，春秋饗射，升降揖讓，務禮示民，吏民畏愛，不敢欺也。後拜潁川太守，老弱啼號滿道。在潁川，鳳凰麒麟嘉禾甘露之瑞集于郡境。

玄賀

玄賀，字文弘，[illegible]遷鄴令，政化大行，為九江太守，行縣，齋乾糒，但就溫湯而已。臨去日，百姓扶車叩馬，啼泣隨之。

案陸文

曹褒

曹褒、字叔通、（案范書本傳、褒、魯國薛人）……通為

漢禮儀、晝夜沉……則誦文書、當其……至、

忽忘所之、本孝廉、……在射聲營、……停……不

葬者百餘所……意故、……多是

建武以來絕……者、

設祭以祀之、……病

徒、親自省治……

案陸文

賈逵

東觀漢記……

賈逵、字景……

五經文、本……使尚書……京……

不休賈長頭、（案此段從御覽纂）永平十七年……卿以……

采、翔集京師、奉觴上壽、上名逵、敕蘭臺給筆札、使……

雀頌、建初元年、詔逵入北宮虎觀南宮……

大義、書奏、上嘉之、賜布五百匹、衣一襲……

尉內備帷幄、兼領祕書近署、甚見信用、

案陸文

江革

江革、字次翁、（案范書本傳、革、齊國臨淄人）客東海下邳、傭賃……以食父……

修

江革字次翁（齊國臨淄人，范書本傳）客東海下邳傭賃以養父

江革

詔曰備帷幄兼領秘書近署其見信用

大義書奏上嘉之賜布五百匹衣一襲拜侍中領騎都

進頌建初元年詔逵入北宮虎觀南宮雲臺使出左氏

家采輯集京師本論上言占道散蘭臺給筆札使作神

不休賈長頭永平十七年公卿以神雀五

五經文字以大小夏侯尚書教授京師爲之語曰問事

賈逵字景伯（扶風平陵人，范書本傳）長八尺二寸諸儒左氏

東觀漢記　卷十八　十

賈逵

從觀自告治醫樂體況多學諸治大匠時疾發政表病

設祭以祀之遷城門校尉將作大空地無其典主者

建武以來緒典校書協議爲賈意故吏劉已此等多是

華春百餘所竊親自履行問其意欲更營舍有停權不

認應所之舉春康拜東問今在射章營舍有傳權不

漢禮儀畫夜沉思寢則懷筆行則誦文書當其念至

曹褒字叔通（魯國薛人，范書本傳）寫夢大度常嘆叔孫通爲

曹褒

母、下邳知其孝、市買輒與好善者、雖無錢任貰與之、革專心養母、幅巾屐履、每年八十、草不欲搖動之、常自居轅輓車、不用牛馬、永平中、拜五官中郎將、每朝會、帝常使虎賁扶侍、及進拜恒目禮焉、時有疾不會、輒敕大官送餐餟、恩寵莫與為比、于是京師貴戚順陽侯衛尉馬廖、侍中竇憲慕其行、各奉書致禮遺、革終不發書、無所報受、帝聞而益善之、

名馴

名馴、字伯春、（案范書本傳、馴九江壽春人）以志行稱鄉里、號之曰德行恂恂、名伯春、以明經有智、讓講論、拜議郎、（案范書本傳不載馴曾為議郎）章和中、為光祿勳、

李育

李育、字元春、（案范書本傳、育扶風漆人）為侍中、時章帝西謁園陵、育陪乘、問舊事、育輒對、由是見重、

杜安

杜安、字伯夷、潁川定陵人、貴戚慕其名、或遺其書、安不發、悉壁藏之、後捕貴戚賓客、安開壁出書、而封如故、由是不罹其患、

母不知其善，市買輒與好善者，雖無錢任貴與之草
盡心養母，怡中被履，母年八十，草不欲擾動之，常自居
轉輓車，不用牛馬。永平中拜五官中郎將，母朝會，帝常
使虎賁扶侍，及進拜，恒目禮焉。時有疾不會，輒遣大官
送養醫，恩寵莫與為比。于是京師貴戚順陽侯衛尉馬
廖、侍中竇憲慕其行，各奉書致禮遺，革終不發書，無所
報受。帝聞而益善之。

已刪

已劇字伯春，（已見汪書本傳）則以志行稱鄉里，號之曰巨孝

東觀漢記　卷十八　　十二

行恂恂，召伯春以明經有智謀，講論拜議郎（傳不見於書本）
（後曾為）章和中為光祿勳。

李育

李育字元春，（育林范鳳書徐本入傳）為侍中，從章帝西謁園陵，官
陪東問舊事，育輒對，由是見重。

杜安

杜安字伯夷，穎川定陵人，貴戚慕其名，或遺其書，安不
發，悉壁藏之。後捕貴戚賓客，安開壁出書，而封如故，
由是不罹其患。

杜根

和熹鄧后臨朝，權在外戚。杜根（案本傳：根安子，范書傳：根字伯堅）以安帝年長，宜親政事，乃與同時郎上書直諫，太后大怒，收執根等，令盛以縑囊，于殿上撲殺之。執法者以根知名，私語行事人，使不加力，既而載出城外，根得蘇。太后使人檢視，遂詐死，三日，目中生蛆，因得逃竄。及鄧氏誅，根方歸，徵拜侍御史。

杜篤

杜篤，字季雅，（案范書本傳：篤京兆杜陵人。）客居美陽，與美陽令交遊，數從請託，不諧，頗相恨。令怒，收篤，送京師。會大司馬吳漢薨，世祖詔諸儒誄之，篤于獄中爲誄，辭最高，帝美之，賜帛免刑。仕郡文學掾，以目疾，二十餘年不窺京師。篤外高祖辛武賢以武略稱。篤常歎曰：杜氏文明善政，而篤不任爲吏；辛氏秉義經武，而篤又怯于事。外內五世，至篤衰矣。

宋揚

宋揚，扶風平陵人。永寧二年，遣大鴻臚持節至墓，追封當陽侯。（案范書清河王慶傳，揚女爲章帝貴人，生清河王慶，慶長子祜，嗣立，是爲安帝，追謚宋貴人曰

司隸校尉下邳趙興不卹諱忌，每入官舍，輒更繕修館宇，移穿改築，故犯妖禁，而家人爵祿，益用豐熾，官至潁川太守，子峻，太傅，以才器稱，孫安世，魯相，三葉皆爲司隸，時稱其盛。

趙勤

趙勤字益卿（太平御覽作字益卿），南陽人，劉賜姊子，童幼有志操，往來賜家，國租適到，時勤在旁，賜指錢示勤曰：「拜，乞汝三十萬。」勤曰：「拜而得錢，非義所取。」終不肯拜。[illegible]

[illegible]

桓虞功曹，委以郡事。虞下車，葉令雍霸及新野令皆不遵法，乃署勤督郵，到葉，見霸不問縣事，但高譚清論以激厲之，霸即解印綬去。勤還入新野界，令聞霸已去，遣吏奏記陳罪，復還印綬去。虞乃嘆曰：「善吏如良鷹矣，下鞲即中。」嘗有重客過，欲屬一士，令爲曹吏，虞曰：「我有賢功曹趙勤，當與議之。」客潛于內中聽，虞乃問勤，勤對曰

恐未合衆客曰止止勿復道

毛義

廬江毛義性恭儉謙約少時家貧以孝行稱為安陽尉南陽張奉慕其義往候之坐定而府檄到（按此句從太平御覽增）當守令義奉檄而入白母喜動顏色

淳于恭

淳于恭字孟孫北海人以謙儉推讓為節家有山田橡樹人有盜取之者恭助為收拾載之歸乃知是恭橡盜載橡還之恭不受人又有盜刈恭禾者恭見之念其愧

因自伏草中至去乃起養兄崇孤兒教誨學問時不如意輒呼責數以捶自擊其脛欲感之兒慙負不敢復有過恭家井在門外上有盆鄰里牧牛而爭飲牛恭惡其爭多置器其上為預汲水滿之小兒復爭恭各語其父母父母乃禁怒之里落皆化而不爭

梁鴻

梁鴻（范書本傳鴻字伯鸞扶風平陵人）少孤以童幼詣太學受業治禮詩春秋常獨坐止不與人同食比舍先炊已呼鴻及熱釜炊鴻曰童子鴻不因人熱者也滅竈更燃火鴻家貧

釜炊鴻曰童子鴻不因人熱者也滅竈更燃火鴻家貧

詩春秋常獨坐止不與人同食比舍先炊已呼鴻及熱

梁鴻 梁鴻字伯鸞扶風平陵人 少孤以童幼詣太學受業治禮

母父母乃慈念之里落化而不爭

爭參置器其上為頂汲水滿之小兒復爭恭各語其父

過恭家井數在門外上有盜鄰里牧牛而爭飲牛恭惡其

意輒呼書數以捶自擊其腰欲感之兒慚負不敢復有

因自伏草中至去乃起養兒宗族兒教誨學問時不如

東觀漢記　卷十八　古

載樣還之恭不受人又有盜刈恭禾者恭見之令其退

樹入有盜取之苦恭助為收拾載之歸乃知是恭躬盜

渡于 伏湛于 字孟孫北海人以謙儉推讓為郡家有山田樵

宮字令美奉檄而入白母動顏色

梧為安陽尉南陽張奉慕其義往候之坐定而府檄到

盧江毛義性恭儉謙約少節家貧以孝行

毛義

既本合衆客曰止止而後適

而尚節博覽無不通畢乃牧豕于上林苑中曾誤遺火延及他舍乃尋訪燒者問所失財物悉推豕償之其主猶以為少鴻曰無他財願以身居作主人許因為執勤不懈耆老見鴻非恒人乃共責讓主人而稱鴻長者于是始敬鴻還其豕鴻不受鴻初與京邑蕭友善約不為陪臣及友為郡吏鴻以書責之而去鴻鄉里孟氏女容貌醜而有節操多求之不肯父母問其所欲曰得賢壻如梁鴻者鴻聞乃求之（太平御覽作梁鴻妻同郡孟氏其女名光狀醜而肥力舉石仳擇對不嫁願得如鴻者至年三十鴻聞聘之）女椎髻著布衣操作具而前鴻大喜曰此真梁鴻妻也能奉我矣字之曰德耀名孟光將妻之霸陵山耕耘織作以供衣食彈琴誦詩以娛其志鴻將之會稽作詩曰維季春兮華阜麥含金兮方秀適吳依大家臯伯通廡下為賃舂每歸妻為具食不敢于鴻前仰視舉案常齊眉伯通察而異之曰彼傭賃能使其妻敬之如此非凡人也鴻常閉戶吟詠書記遂潛思著書十餘篇鴻病因與臯伯通及會稽士大夫語曰昔延陵季子葬子于嬴博之間不歸其鄉慎勿聽妻子持尸柩去後伯通等為求葬處有要離冢高燥衆人曰

東觀漢記卷十八

豫令弟子市棺斂具至其日而卒

郭鳳字君張勃海人善說災異吉凶占應先自知書

郭鳳

寡嫂許訟田遂不往

太守連召請恐不得免自言鳳本巫家不應為吏又與

棄之爭者感之收兵謝罪鳳年老執志不倦名聲著聞

持兵而鬭鳳往解之不已乃脫巾請曰仁義遜讓奈何

沒鳳留意在經史忽不視麥麥隨水漂去鄰里有爭財

處以學教鳳令護雞鳳受竿誦經如故天大雷暴雨流

高鳳字文通南陽人誦讀晝夜不絕妻嘗之田曝麥于

高鳳

漁歸林鳳

要離古烈士今伯鸞亦清高令相近遂葬要離冢傍子